城市轨道交通车辆
常见故障及处理

主　编　王治根　马仲智
副主编　禹建伟
参　编　郭永锋　郭楠楠　王　峰　边　疆
主　审　刘　煜

重庆大学出版社

内容提要

本教材按城轨车辆组成系统共分十二个项目,包括城轨车辆概述、车体、车门、转向架、空气制动及供风装置、空调及电热装置、牵引、辅助供电、列车控制与诊断、控制电路、列车广播及乘客信息系统以及其他辅助设备等。教材内容分系统地阐述在城轨运营中一般常见的故障现象,简要地分析了故障发生的原因,提出了故障的处理方法和日常预防、维护措施等。

本书内容实用性强,叙述语言精炼,全书配合大量现场设备运用的图片,能使读者快速、全面地掌握城市轨道交通车辆的常见故障处理方法。

本书可作为高职高专相关专业教材,以及工程技术人员、本科院校相关专业师生的自觉参考书。

图书在版编目(CIP)数据

城市轨道交通车辆常见故障及处理 / 王治根,马仲智主编.
—重庆:重庆大学出版社,2013.8
高等职业教育城市轨道交通专业规划教材
ISBN 978-7-5624-7579-8

Ⅰ.①城… Ⅱ.①王… ②马… Ⅲ.①城市铁路—铁路车辆—车辆修理—高等职业教育—教材 Ⅳ.①U279.3

中国版本图书馆 CIP 数据核字(2013)第 153667 号

城市轨道交通车辆常见故障及处理

主 编 王治根 马仲智
主 审 刘 煜
策划编辑:彭 宁 何 梅

责任编辑:文 鹏 姜 凤　　版式设计:彭 宁 何 梅
责任校对:谢 芳　　　　　　责任印制:赵 晟

*

重庆大学出版社出版发行
出版人:邓晓益
社址:重庆市沙坪坝区大学城西路 21 号
邮编:401331
电话:(023)88617190　88617185(中小学)
传真:(023)88617186　88617166
网址:http://www.cqup.com.cn
邮箱:fxk@ cqup.com.cn(营销中心)
全国新华书店经销
重庆五环印务有限公司印刷

*

开本:787×1092　1/16　印张:9.25　字数:231 千
2013 年 8 月第 1 版　　2013 年 8 月第 1 次印刷
印数:1—3 000
ISBN 978-7-5624-7579-8　定价:19.00 元

序

轨道交通以其快捷、舒适等其他交通工具无法比拟的优越性,成为城市交通发展新的热点和重点。当前我国的城市轨道交通正处在大发展、大建设时期,截至 2012 年年底,全国有 16 座城市共开通运营 70 条线,总里程 2 081.13 千米。

随着城市轨道交通行业的迅猛发展,相应运营专业人才的需求也日益紧迫,尤其是具有理论和实践性的复合型人才尤为紧缺。为适应新形势,近年来,国内的大专院校,尤其是交通职业技术类院校的城市轨道交通专业迅速扩大,早出人才、快出人才、出实用型人才成为学校和业界的共同愿望。通过一系列的调研和准备工作,在重庆大学出版社的倡导下,西安市地下铁道有限责任公司联合多省市交通类高职高专院校(如西安铁路职业技术学院、西安交通职业技术学院、广东交通技师职业技术学院等)建立了校企合作联盟,组织具有丰富实践经验的轨道企业技术人员和职业院校的一线教师,与地铁运营实际紧密结合,共同编写了高等职业教育城市轨道交通专业规划教材。

这套规划教材采用校企结合模式编写,结合全国轨道交通发展状况,推出的面向全国、面向未来的教材,既汇集了高校专业教师们的理论知识,也汇聚了城市轨道交通专业技术部门创业者们的宝贵经验。

为做好教材的编写工作,重庆大学出版社专门成立了由著名专家组成的教材编写委员会。这些专家对城市轨道交通专业教学作了深入细致的调查研究,对教材编写提出了许多建设性意见,慎重地对每一本教材一审再审,确保教材本身的高质量水平,对教材的教学思想和方法的先进性、科学性严格把关。

1

"校企合作"、"理论与实践相结合"是本套系列教材的特点，不但可以满足当前城市轨道交通运营技术管理的需要，也为今后的城市轨道交通运营发展管理提出了新思考。随着运营管理的要求越来越高，以及新技术的不断应用，本系列教材必然还要不断补充、完善，希望该套教材的出版能满足广大职业院校培养城市轨道交通专业人才的需求，能成为城市轨道交通运营技术管理人员的"良师益友"。

建设部地铁轻轨研究中心　　顾问总工
建设部轨道交通建设标准　　主　编
建设部轨道交通专家委员会　专家委员

2013 年 7 月 26 日

前　言

随着市场经济的发展和人民生活水平的提高,社会对城市轨道交通车辆提出了更高的要求,不仅要求车辆设备先进、安全可靠,而且要运行平稳、方便舒适。车辆上的服务设施设备如空调、通风、电加热、照明等系统都必须保持状态良好。因为一旦车辆发生故障,将会影响到服务质量,甚至引起行车安全事故。从地铁运营经济效益而言,预防和降低车辆故障,保证车辆及设备的质量以确保运营安全、正点,是每个车辆维修部门应重点考虑的问题。

根据运营单位多年来的实践体会,并听取及借鉴国内多家地铁公司的经验,现将城市轨道交通车辆的常见故障汇总成册,供车辆检修人员参考和借鉴,也可作为城市轨道交通管理及相关专业人员的培训教材。本书按城轨车辆组成系统共分 12 个项目,包括城轨车辆概述、车体、车门、转向架、空气制动及供风装置、空调及电热装置、牵引、辅助供电、列车控制与诊断、控制电路、列车广播及乘客信息系统以及其他辅助设备等。内容上按照各个子系统分别讲述了在城轨运营中一般交通车辆常见的故障现象,简要地分析了故障发生的原因,提出了故障的处理方法和日常预防、维护措施等。

由于目前在各城市轨道交通中使用的车辆种类不一,系统设备多样,新科技与新产品层出不穷,产品更新换代较快,尤其是由于新产品在设计、制造过程中需要充分考虑该产品在使用过程中出现的一些惯性问题。因此,即使同一类型故障的原因也会有所不同,设备故障的表现形式多种多样。本书总结了城市轨道交通车辆的常见故障的特点,提出了具体的解决方法。

本书编写分工如下:郭永峰编写项目 1、项目 2、项目 3、项目 4;郭楠楠编写项目 7、项目 9、项目 10;王峰编写项目 5、项目 6、项目 12;边疆编写项目 8、项目 10;本书由王治根、马仲智负责设计全书的框架及编写思路,王治根负责完成全书的统稿工作,禹建伟完成全书的校对工作,刘煜完成全书的主审工作。

在本书编写过程中得到了许多专家、同仁的大力支持和帮助,也参考了许多专家的有关文献。在此表示衷心感谢。

　　由于编者水平和能力有限，在内容和编排上有疏漏和不当之处，敬请读者批评指正。

编　者

2013 年 7 月

目　录

项目1 城市轨道交通车辆概述

【项目描述】该项目简要地介绍了城轨交通的发展历史，并以北京地铁为例，讲述了我国城市轨道交通车辆的发展过程及城轨车辆的特点。同时，就城轨车辆的组成、常见故障类型和一般的故障处理方法等进行了概括性的介绍。

【学习目标】学习了解轨道交通车辆的发展历史；掌握轨道交通车辆的结构组成及各部分的主要功能；初步掌握城轨车辆常见故障的类型；掌握城轨车辆在正线运营中常见故障的处理方法。

【技能目标】学习对城轨的发展历史有一定认识；掌握城市轨道交通车辆的一般组成及各系统的功能，达到在城轨检修车间识别车辆主要部件的能力；能够掌握城轨车辆的故障类型及一般的现场处理方法等。

任务1 城市轨道交通车辆的发展及特点

【活动场景】使用模型车或多媒体展示城轨车辆的发展历史。

【任务要求】了解城轨交通及车辆的发展历史，对城轨车辆特点有一定的理解。

【知识准备】

城市轨道交通(Urban Rail Transitmass System)简称城轨交通，包括地铁、轻轨铁路、独轨铁路、新交通系统及城市铁路等。城轨交通是近代高科技的产物，其行车密度大、旅行速度快、载客能力大、疏通客流的能力与传统的地面公路交通工具相比，具有很大的优越性。目前，在国内、外城市基本都采用了优良的电动车组模式。电动车组具有无污染、低噪声的特点，享有"绿色交通"的美誉。

自1863年英国建成第一条地铁线路，1888年美国建成第一条有轨电车线路，标志城市交通进入轨道交通时代。经过诞生和初始发展阶段(1863—1924年)、萎缩阶段(1924—1949年)、再发展阶段(1949—1969年)、高速发展阶段(1970年至今)，当今世界各大城市和特大城市都确立了公交优先、轨道交通是公交骨干的政策。

1

由于历史的原因,我国先前的城市交通的技术水平一直较低,发展滞缓,设施落后。1980年以后,我国用于城市道路建设的资金比例增加,道路交通设施建设的速度有所加快。自我国1965年北京地铁一期工程建设开始,经过40多年的建设和发展,城市轨道交通取得了显著成就。总结城市轨道交通的发展过程,大致经历以下5个阶段:

(1)起步阶段

从20世纪50年代,我国开始筹备地铁建设,规划了北京地铁网络。1965—1976年建设了北京地铁一期工程。当时地铁建设的指导思想更注重人防功能。随后建设了天津地铁(现已拆除重建)、哈尔滨人防隧道等工程。

(2)开始建设阶段

20世纪80年代末至90年代初,由于城市规模限制及道路等基础设施比较薄弱,北京、上海、广州等特大城市的交通问题非常突出。以上海轨道交通1号线、北京地铁复八线和地铁一期工程改造、广州地铁1号线等建设项目为标志,我国内地真正以城市交通为目的的地铁项目开始建设。台湾省台北市也于1997年3月开通了第一条地铁线路。

(3)建设高潮开始阶段

进入20世纪90年代,随着上海、广州地铁项目的建设,一批城市包括沈阳、天津、南京、重庆、武汉、深圳、成都等开始计划建设轨道交通项目,并进行了大量的前期准备工作。

(4)调整阶段

由于各大城市要求建设的地铁项目较多,且在建地铁项目的工程造价较高,1995年12月国务院发布国办60号文,暂停了地铁项目的审批,并要求做好发展规划和国产化工作。同时,国家计委开始研究制定城市轨道交通设备国产化政策。至1997年底,提出以深圳地铁1号线、上海轨道交通3号线和广州地铁2号线作为国产化依托项目,并于1998年批复了上述3个项目的立项,从此城市轨道交通建设项目重新开始启动。

(5)建设高潮阶段

随着实施积极的财政政策以进一步扩大内需,国家于1999年开始陆续批准一批城市轨道交通项目开工建设。1999年以后,国家先后审批了深圳、上海、广州、重庆、武汉、西安等10多个城市的轨道交通项目开工建设,建设速度大大超过前30年。

城市轨道交通车辆简称城轨车辆,是城轨交通工程中最关键的设备。在国外,城轨车辆产业已有100多年的发展历史。目前,国际市场90%的份额控制在少数几家大型跨国集团手中,如西门子、阿尔斯通、庞巴迪。在国际上,根据所采用的电气牵引系统的不同,将城市轨道车辆的发展划分为3个阶段:20世纪50年代以前,采用直流调速牵引系统的凸轮调阻车;50—70年代,采用直流调速牵引系统的斩波调压车;70年代至今,采用交流调速牵引系统的调频调压车。以下主要以我国北京地铁的车辆发展历史为例,讲述地铁车辆经历的3次更新换代过程。

第一代:凸轮调阻车(见图1.1)。生产于20世纪六七十年代,型号有DK3G,DK20,DK16A,BD1,BD2这5种。其中以DK20型为例,其车身最大长度为19 000 mm,最大宽度为2

800 mm,最大高度为 3 695 mm,制动方式为电制动优先,不足时补充空气制动的方式。

图 1.1 凸轮调阻车

第二代:斩波调阻车(又称为斩波调压车)(见图 1.2)。生产于 20 世纪 80—90 年代初期,型号有 DK11,M,GTO 这 3 种。其中以 DK11 型为例,其车身最大长度为 19 000 mm,最大宽度为 2 600 mm,最大高度为 3 510 mm,制动方式为电阻制动并空气制动补足。

第三代:调频调压车(VVVF)(见图 1.3)。生产于 1998 年,型号有 DKZ4、DKZ5、八通线新型交流电动客车 3 种。其中以 DKZ4 型为例,其车身最大长度为 19 000 mm,最大宽度为 2 800 mm,最大高度为 3 510 mm,制动方式为再生制动并空气制动补足。

图 1.2 斩波调阻车

图 1.3 调频调压车

城轨车辆是确保城市轨道交通安全、正点、高效运行的关键,其投资大、技术复杂,在一定程度上标志着城市轨道交通技术发展的水平。其总体设计是根据线路条件、用户需求来确定城市轨道交通车辆合理的技术参数、结构和机电装备的配置以及各系统、设备之间的接口关系。经过多年的发展,我国城轨车辆的技术水平有了很大的进步。在无摇枕转向架、车门、车辆贯通道以及内装饰材料等方面,国内厂家基本实现了国产化;国内企业能够批量生产轻量化不锈钢车体、大断面铝合金车体。电传动系统及其控制系统、制动系统等是实现车辆国产化的关键,目前也取得了重大进展。不同类型的城轨车辆各有其自身的技术特点,车辆总体技术朝着轻量化、节能化、少维修、低噪声、舒适型、高可靠性和安全性以及低成本的方向发展。城轨车辆的基本特点概括如下:

①一般的城轨交通站距短,需要车辆有较高的启动加速度和制动减速度,以达到启动快、制动距离短、有较高平均速度的目的。

②车辆的设计应遵循减少能耗、减少发热设备的原则,以最大限度降低隧道内的温度。

③车体朝轻量化方向发展,采用大断面铝合金型材或不锈钢材焊接车体的整体承载结构,最大限度地减少车重。

④列车控制和主要子系统的运行控制实现计算机网络化,信息播放实现多样化。

⑤车辆系统部件的设计、材料的选用都以列车运行和乘客的安全为首要原则,设备正常功

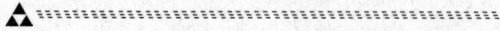

能失效时,其响应将以安全为导向目标。

⑥为保证列车能够安全运行、提高运行效率,适应高密度的行车组织和运营需要,采用列车自动控制系统。

【任务实施】

1. 以我国北京地铁为例,请说明城轨车辆发展的历史进程。

2. 请说明城轨车辆所具有的特点。

【效果评价】

评价表

项目名称	城市轨道交通车辆概述		学生姓名	
任务名称	任务1　城市轨道交通车辆的发展及特点		分　数	
项　目			分　值	考核得分
1.城轨车辆的相关知识、图片的搜集、整理			20	
2.是否有小组计划			5	
3.我国城轨车辆的发展阶段的认知程度			20	
4.我国城轨车辆的生产现状的认知程度			20	
5.城轨车辆的特点掌握程度			20	
6.编制学习汇报报告情况			10	
7.基本素养考核情况			5	
教师简要评语: 　　　　　　　　　　　　　　　　　　　　　教师签名:				

任务2　城市轨道交通车辆的组成

【活动场景】在城轨车辆制造车间(或运营检修现场)来介绍城轨车辆的组成及功能。

【任务要求】掌握城轨车辆的组成及各系统的主要功能。

【知识准备】

城市轨道交通车辆一般结构组成可分为机械和电气两大部分,如图1.4所示。

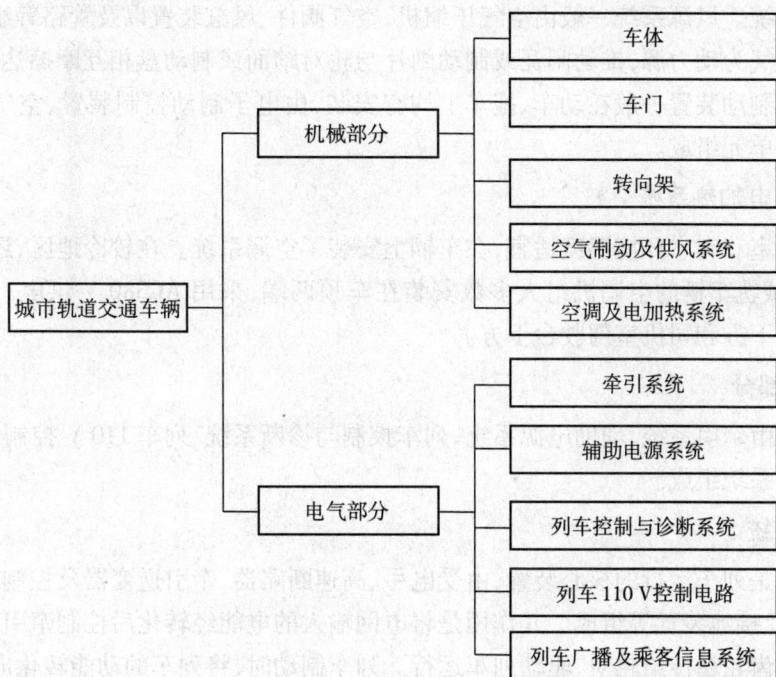

图1.4 城市轨道交通车辆的结构图

(1)机械部分

机械部分是由车体、车门、转向架、空气制动及供风系统、空调及电加热系统组成。

1)车体

车体既是容纳乘客和司机驾驶的空间,又是安装与连接其他设备和部件的基础装置。车体在运行过程中要承受各种方向的载荷。因此,不仅要有一定的强度,而且自身质量要轻,尽可能减少自重,还要有隔音、减震、隔热、防火的要求。车体主要由底架、侧墙、车顶和端墙(司机室)组成。

2)车门

车门按照安装位置的不同,分为客室门、司机室门和紧急疏散门。客室门应方便乘客,并尽量缩短乘客上、下车时间,因此要有一定数量、有效的宽度以及可靠的安全性。客室门按照驱动系统动力来源分为电动门、气动门;按照安装方式分内藏门、塞拉门、外挂门、外摆门。

3)转向架

转向架是支撑车体并牵引和引导车辆沿轨道走行的装置,承受和传递来自车体及线路的各种载荷并缓和冲击力。转向架一般由构架、轮对、悬挂系统、减震装置、基础制动装置、牵引传动装置等组成。转向架分动车转向架和拖车转向架。

4）空气制动及供风系统

车辆上的空气弹簧、空气制动以及气动车门的开闭、受电弓升弓等都需要压缩空气，所以必须有风源系统。风源系统一般由空气压缩机、空气阀件、风缸装置以及管路等组成。空气制动是以压缩空气为动力源，推动闸瓦或制动闸片与轮对踏面或制动盘相互摩擦达到减速、制动的目的。空气制动装置一般在动车、拖车上均有安装，由电子制动控制装置、空气制动控制模块和基础制动单元组成。

5）空调及电加热系统

确保司机室和客室环境温度适宜，在车辆上安装了空调系统。在较冷地区，还设有电加热装置。目前，城轨车辆的空调机组大多数安装在车顶两端，采用 AC380 V 供电。电加热器安装在客室座椅下方和司机室驾驶台下方。

（2）**电气部分**

电气部分由牵引系统、辅助电源系统、列车控制与诊断系统、列车 110 V 控制电路、列车广播及乘客信息系统组成。

1）牵引系统

牵引系统是列车运行的核心装置，由受电弓、高速断路器、牵引逆变器及控制单元、牵引电机、制动电阻及接地装置等组成。其作用是将电网输入的电能经转化后控制牵引电机的运转，通过联轴节及齿轮箱传给轮对，驱动列车运行。列车制动时，将列车的动能转化成电能反馈回电网或送到制动电阻上变为热能逸散到大气中。

2）辅助电源系统

辅助电源系统是指 AC380 V、低压直流电源和蓄电池。其中低压直流电源通常分为 DC110 V 和 DC24 V。AC380 V 由车辆辅助逆变器提供，供车辆空调、空气压缩机、客室照明设备等。DC110 V 电源主要用于列车控制电路开关、继电器、指示灯等相关设备。

3）列车控制与诊断系统

城轨车辆主要系统都采用微机进行自动控制，对列车主要设备的运行状态和故障自动进行信息采集、控制、监测、数据存储、故障诊断、界面显示等。

4）列车 110 V 控制电路

城轨车辆一般采用直流 110 V 控制电路和继电器，主要包括列车激活电路、受电弓控制、车门控制电路等。

5）列车广播及乘客信息系统

列车广播及乘客信息系统的发展呈多样化，功能更齐全，主要由列车广播、媒体播放和监控系统 3 部分组成。

【任务实施】

1.请说明城轨车辆由哪些系统组成？

2.请说明城轨车辆各系统的主要功能。

【效果评价】

评价表

项目名称	城市轨道交通车辆概述		学生姓名	
任务名称	任务2 城市轨道交通车辆的组成		分　数	
项　目			分　值	考核得分
1. 城轨车辆结构组成的相关知识、图片的搜集、整理			20	
2. 是否有小组计划			5	
3. 城轨车辆的一般结构组成的掌握程度			30	
4. 城轨车辆各系统的主要功能的掌握程度			30	
5. 编制学习汇报报告情况			10	
6. 基本素养考核情况			5	
教师简要评语：				
			教师签名：	

任务3　城市轨道交通车辆的常见故障及其影响

【活动场景】在城轨运营检修现场(或使用多媒体展示)介绍城轨车辆的常见故障。

【任务要求】掌握城轨车辆的常见故障及其影响程度。

【知识准备】

目前,城轨运输不断向高速化、行车密度大、行车间隔小、载客量大的方向发展,这对车辆的安全性和可靠性提出了越来越高的要求。车辆一旦在正常运营中发生故障,轻则延误本次列车、清客、救援等,重则列车颠覆以及导致整条线路瘫痪,不但经济效益受损,还会造成极大的社会影响。因此,确保车辆运营安全可靠,是车辆维修管理部门的重点工作。

城市轨道交通车辆,从当初功能设计到零部件选材、组装都以确保运营安全为出发点。但不管任何设备再可靠,维修再科学,车辆在运营过程中总会出现各种故障。车辆维修的要求就是尽快排除故障和预防故障发生,保证线路正常运营。

车辆在使用过程中,其机械部件会逐渐产生磨损、变形、腐蚀甚至断裂以及紧固件松动等;其电气部件会发生断线、接地、烧损、绝缘老化或破损、接触器动作不良等。尤其列车在运行过程中,由于本身冲击、震动等外界因素干扰,故障现象呈现多样化和复杂化,给实际排查造成一定的难度。因此,需要维修工作者具备扎实的专业理论知识,懂设备原理、懂接口关系,掌握一般的故障排查方法,会使用各种维修工具(包括专业诊断软件),在最短时间内解决问题。

城轨车辆故障发生的性质可分为自然故障和事故性故障两类。自然故障是指设备或零部件的正常磨损或物理、化学变化造成部件的变形、断裂和蚀损等引起的故障。事故性故障是指因维护不当、操作不当、设计缺陷或部件质量缺陷造成的故障。自然故障需要在日常工作中定期检查、提前发现问题作好预防性处理,而事故性故障是人为的原因,需要以提高员工的业务素质、技术水平,不断加强员工的责任心和规范作业等手段来减少、避免故障发生。

城轨车辆故障按发生地点可分为正线故障和库内故障,其中正线故障根据影响的程度分为以下4种:

①运营车辆发生故障不能正常运行,但经过短时间(2~3 min)修复或换件处理可以恢复正常性能维持运行的一类故障。

②在线运营车辆发生故障,但不影响车辆正常运行,一般能继续维持运行,待车辆回库后再对故障进行处理的一类故障。

③运行中车辆发生严重故障,不能维持正常运行,且短时间内无法进行有效处理,需要进行清客或使用其他车辆将其牵引出运营线路退出服务,而后进行维修处理的一类故障。

④车辆在运营中发生脱轨、颠覆、火灾或车辆走行部分发生切轴、大部件脱落等严重故障,列车不能再行驶运行,需要相关部门出动救援队伍、利用专用工具进行处理的一类故障。

城轨车辆故障按形式可分为机械故障和电器故障,按系统组成分为以下11种故障。

1)车体故障

车体常见的故障有:车体表面机械性撞击凹陷、车窗玻璃破裂、客室内扶手松动、车体表面及内装脱漆等。

2)车门故障

车门常见的故障有:客室车门打不开/关不上、司机室侧门运行中脱槽、车门开度不够、开关门卡滞等。

3)转向架

转向架常见的故障有:橡胶弹簧表面破损、转向架四角度不符合标准、油压减震器漏油、构架弯角处裂纹等。

4)空气制动及供风系统

空气制动及供风系统常见的故障有:管路漏风、空压机不启动、空压机润滑油变质、闸瓦裂纹、空气制动控制故障等。

5)空调及电加热系统

空调及电加热系统常见的故障有:空调系统漏液、通风机/冷凝风机反转、风门电机故障等。

6）牵引系统

牵引系统常见的故障有：受电弓碳板表面裂纹、IGBT（绝缘栅极晶体管）炸裂、牵引逆变器控制单元故障、电机故障等。

7）辅助电源系统

辅助电源系统常见的故障有：蓄电池接线端子烧损、辅助逆变器故障等。

8）列车控制与诊断系统

列车控制与诊断系统常见的故障有：显示屏黑屏、显示屏触摸不灵敏、显示屏显示各系统异常以及控制板卡等。

9）列车110 V控制电路

列车110 V控制电路常见的故障有：列车不能激活、列车不能升弓、列车牵引封锁、紧急制动不能缓解等。

10）列车广播及乘客信息系统

列车广播及乘客信息系统常见的故障有：广播无报站、客室动态地图无显示、客室LCD屏无画面显示等。

11）其他类故障

其他类故障一般有：客室照明故障、司机室雨刷故障、电笛故障等。

【任务实施】

1. 说明城轨车辆故障对运营的影响程度。
2. 按城轨车辆系统说明一般常见的故障现象。

【效果评价】

评价表

项目名称	城市轨道交通车辆概述	学生姓名	
任务名称	任务3 城市轨道交通车辆的常见故障及其影响	分 数	
项 目		分 值	考核得分
1. 城轨车辆常见故障的相关知识、图片的搜集、整理		20	
2. 是否有小组计划		5	
3. 城轨车辆故障对运营的影响程度的认知		30	
4. 城轨车辆各系统的一般常见故障的认知		30	
5. 编制学习汇报报告情况		10	
6. 基本素养考核情况		5	

续表

教师简要评语：
教师签名：

任务4　城市轨道交通车辆常见故障的处理方法

【活动场景】使用多媒体来介绍城轨车辆常见故障的处理方法。

【任务要求】了解城轨车辆在正线运营中常见故障的处理方法。

【知识准备】

上一节讲了，城轨车辆故障按发生地点可分为正线故障和库内故障。库内故障，一般是在维修作业中或段内调试过程中发生的，对正常载客运营不会造成影响。但是正线故障可能会造成列车掉线、清客、晚点、救援的事情发生，给正常的运营组织带来混乱。库内故障一般经检查发现后，通过调整、重新安装、更换等方法来解决。正线一旦发生故障，要求司机能及时快速地处理，恢复运营秩序。在此，重点讲述正线故障的处理方法。

列车在运营过程中发生故障时，一般情况下，司机通过观察列车监控系统显示屏可以获取列车故障信息，司机对于显示屏所显示的信息内容要立刻作出分析和判断，以便采取恰当的措施和方法排除故障。通常，正线故障处理时可采用以下4种方法。

（1）**故障恢复法**

通过列车监控系统显示屏内容以及仪表、指示灯状态，判定故障发生部位并检查相关设备有无异常。如空气断路器跳闸、供风阀门关闭等，可恢复其功能以达到排除故障的目的。

（2）**故障切除法**

有些设备故障发生会直接影响列车员的驾驶性能及安全性能，因此列车在电路设计中对重要部件安装了监控系统，该设备一旦发生故障，遵循设备故障导向安全这一设计原则，车辆控制系统会采取限速或停止运行等手段来确保列车安全。司机必须通过故障显现查找故障原因，如故障不能立即排除，通过切除故障设备不让其工作的方法来维持列车运行，以减少故障对运营的影响。如车门发生关闭不了时，司机采取切除该门的方法确保列车可继续运行。

（3）旁路法

列车在牵引控制电路、开关门电路中一般都设有旁路开关,如果故障导致某项功能不能实现时,可采取旁路法,以实现必要的功能,维持列车运行。如紧急制动短接开关、零速继电器短接开关、停放制动旁路开关、ATP门使能旁路开关等。

（4）重启法

目前列车基本采用计算机控制,在控制信号或通信信号发生误差时会造成信息显示紊乱,严重的会影响列车某些设备的正常使用(或成为死机、黑屏),在这种情况下需要重新启动列车或重启相关设备的方法,恢复故障。如广播控制系统不报站、媒体播放系统卡死等故障时可进行设备重启来恢复。

【任务实施】

1. 说明城轨车辆正线故障的处理方法。
2. 说明城轨车辆正线故障的处理方法的主要内容。

【效果评价】

评价表

项目名称	城市轨道交通车辆概述	学生姓名	
任务名称	任务4 城市轨道交通车辆常见故障的处理方法	分　数	
项　目		分　值	考核得分
1. 城轨车辆常见故障处理方法的相关知识、图片的搜集、整理		20	
2. 是否有小组计划		5	
3. 城轨车辆故障的处理方法的认知程度		30	
4. 城轨车辆正线故障的处理方法认知程度		30	
5. 编制学习汇报报告情况		10	
6. 基本素养考核情况		5	
教师简要评语:			
		教师签名:	

项目小结

通过本章学习,了解我国轨道交通车辆的发展经历及现状;掌握城轨车辆的组成及各系统的功能;初步了解城轨车辆的常见故障类型和分类。

思考与练习

1. 简述轨道交通车辆的一般组成和各系统的功能。
2. 简述轨道交通车辆的一般常见故障现象。

项目2 车体常见故障处理

【项目描述】车体是地铁车辆结构的主体,是供旅客乘坐和司机驾驶的部分。车体常见故障主要表现在内装设备上的损坏及零部件的失效。本项目主要介绍城轨道交通车辆的车体结构及各部分功能、车体常见故障现象和原因分析、车体常见故障的处理方法及预防措施等,使大家对车体常见故障有一定的认识,能够掌握一般的故障处理方法。

【学习目标】学习掌握轨道交通车辆的车体结构及各部分功能;掌握车体常见故障现象和发生原因;掌握车体常见故障的处理方法及预防措施等。

【技能目标】熟悉车体常见故障现象,对故障现象能进行原因分析;掌握车体常见故障的处理方法,能够动手处理一般的车体故障。

任务1 车体的组成及功能

【活动场景】在城轨车体制造车间讲述(或使用多媒体展示)车体的组成。

【任务要求】掌握城轨车辆车体的组成及功能。

【知识准备】

(1)车体结构

城轨车辆由于在运行中受到激烈震动以及隧道内气压波动、客流量变化等因素的影响,所以要求车体构件具有高强度和刚性,同时,为了降低能耗、节约成本以及运营安全等方面考虑,车体结构还具备质量轻、耐老化、耐腐蚀、耐磨耗、耐光照、耐火、阻燃以及易于维修的特点。另外,还要求车体内部装饰材料环保、经济、外观舒适美观等。因此,城轨车辆车体结构的选材尤为重要,需要采用强度高且耐腐蚀的材料,并在确保车辆运行安全可靠的前提下,达到自重轻、维修量少和使用寿命长的目的。目前,国内普遍采用耐候钢、不锈钢、铝合金3种材质的车体。

城市轨道交通车辆的车体由底架、侧墙、车顶、端墙(头车设有司机室)等组成,如图2.1

所示。

　　底架是车体中一个重要的部件,是车体的基础。主要作用是承受上部车体及装载物的全部质量,承受列车运行过程中引起的各种冲击力及其他外力。因此,它必须具有足够的强度和刚度,才能坚固耐用。

　　侧墙是连接底架与车顶的部分,主要用于安装客室车窗、车门等部件。

　　车顶主要由几个空腔部分按照纵向排列组成,每节车顶通常装有通风口、空调机组以及受电弓装置等。

　　端墙是车辆两端的部分,头车一端设有司机室,另一端用于贯通道的连接。车体的结构如图2.1所示。

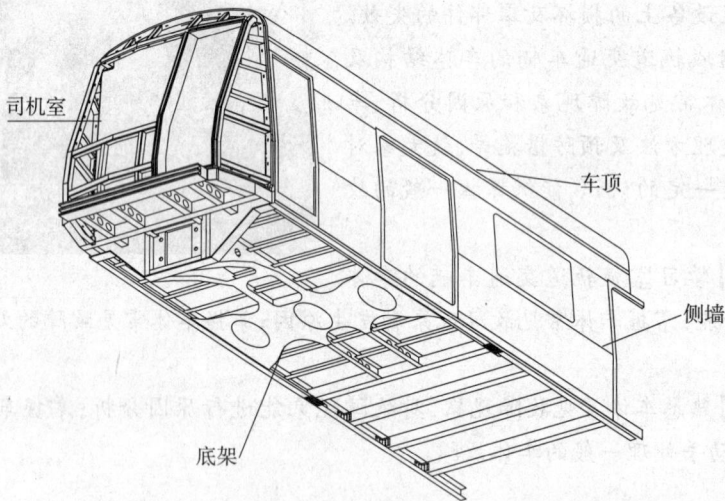

图2.1　车体的结构

(2)车内设备

车内主要有客室侧门、车窗、疏散装置、座椅、扶手、立柱等其他设备,如图2.2所示。

图2.2　车体内部设备

　　现代城轨车辆由于技术的发展,科技的不断进步,客室内装越来越呈多元化的趋势。但始终都贯彻以功能为优先、以人为本的理念,充分选用了经济耐用、安全环保的材料,在外观、着色等方面赋予地域文化及艺术特色。

【任务实施】

1. 简要说明城轨车辆车体的结构及各部分功能。

2. 简要说明城轨车辆车体内装的主要设备。

【效果评价】

评价表

项目名称	车体常见故障处理		学生姓名	
任务名称	任务1 车体的组成及功能		分 数	
项 目			分 值	考核得分
1. 城轨车辆不同车体的相关知识、图片的搜集、整理			20	
2. 是否有小组计划			5	
3. 城轨车辆车体的结构组成及功能的熟悉程度			30	
4. 城轨车辆车体内装设备及特点的认知情况			30	
5. 编制学习汇报报告情况			10	
6. 基本素养考核情况			5	
教师简要评语：				
			教师签名：	

任务2 车体的常见故障及原因分析

【活动场景】在城轨运营检修车间现场(或使用多媒体)展示车体的常见故障。

【任务要求】掌握城轨车辆车体的常见故障,能分析故障发生的原因。

【知识准备】

城轨车辆车体就结构自身而言,在正常工况下可以满足使用30年的要求,在日常使用中一般仅对表面的缺陷进行处理。尤其新车在调试阶段经常会出现车体与外界物体剐蹭和碰撞,导致车身表面出现不同形态的划伤及凹痕。而一些做表面涂装的车体在使用中出现油漆剥落以及受到日照、风吹表面油漆变色等则需要重新补漆。车体内装在使用中也会出现设备外表面油漆脱落、紧固件松动、变形、磨损等情况发生,影响整体美观及使用。车体结构一般常见故障主要表现在以下几个方面:

(1)车体表面、扶手杆、座椅风挡座等部件漆膜脱落

车体表面、扶手杆、座椅风挡座等部件漆膜脱落在城轨运营中是比较普遍的现象,脱漆对部件本身使用性能没有多大影响,但影响整体美观(见图2.3)。引起部件脱漆的原因:一方面是由于在日常运用中与其他物体相互碰撞、刮擦引起;另一方面可能是部件表面喷涂前处理不良导致的施工质量问题。

图2.3 客室立柱杆下部脱漆

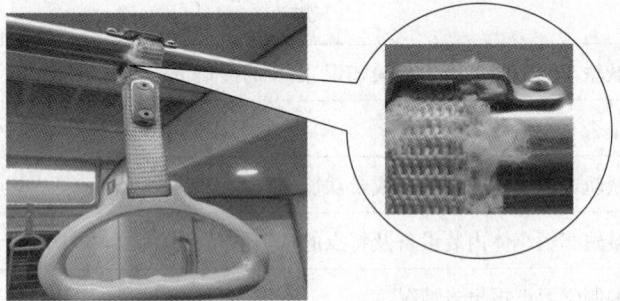

图2.4 客室拉手吊带磨损

(2)客室拉手吊带磨损、断裂

客室拉手吊带与安装座磨损在日常应用中经常可见(见图2.4),吊带一般为尼龙编织而成,而安装座是用不锈钢加工而成,安装座在加工时弯角处有一定的棱角,乘客在乘车使用中吊带会随着车体晃动与安装座来回摩擦,时间长了,吊带就会磨损,以至于乘客在使用中出现吊带断裂的情况。

(3)客室立柱、扶手杆松动

城轨车辆经过一段时间的运营之后,客室立柱、扶手杆在螺栓紧固处会出现松动的情况(见图2.5),在运行中车辆与线路间震动会加剧紧固件的松脱,且引起松动的地方有异响。因此,需要检修部门加强日常的检查与维护工作。

图2.5 客室立柱、扶手杆松动

图2.6 客室车窗玻璃龟裂

（4）客室车窗玻璃龟裂

城轨车辆在日常运用中，经常会有客室车窗或车门玻璃龟裂的情况发生（见图2.6）。侧窗玻璃采用双层中空钢化玻璃，结构本身可以承受一定的冲击。从运营中我们了解到，大多数破裂玻璃的表面有明显的敲击点，据此判断属人为所致。另一种情况则可能是由于本身制造质量问题在特殊环境中发生了爆裂现象。

当玻璃受到损伤或损害需要更换时，首先敲碎玻璃，清除玻璃幕墙胶和铝框上的胶，清除必须干净彻底；再用原来粘接玻璃时使用的结构胶将新的中空安全玻璃固定在铝型材框架上。粘接时必须保证四周10 mm的间隙均匀，外侧玻璃与侧墙外表面平齐。待结构胶固化好后，最后施以玻璃幕墙胶密封。更换车窗玻璃时从车体外侧即可更换车窗玻璃，不需拆掉内墙板。

（5）客室地板布局部破损、焊缝处脱开

地板系统的设计在规定的载荷条件下，与列车的寿命相同。非常情况下的载荷可能会损坏地板（人为破坏、硬物砸损），也存在施工过程中质量问题引起的地板布局部脱胶和焊缝处脱开等故障，因此有必要进行局部的修理。地板使用难燃性材料，具有良好的隔音隔热性能。地板布一般选用PVC聚合材料，施胶粘接在铝地板上，接缝处采用焊接的方式完善接口。采用宽幅地板布减少接缝。地板布的厚度为3 mm，具有抗压、抗拉、耐磨、防火、防滑、隔热、吸音、减震、耐酸、耐碱、寿命长、不开裂等特性，而且具有美观、易于清洁的特点。客室周边地板布和钢结构焊接用以支撑铝地板的角铁之间施以密封胶，在门区处采用防滑踏板压住地板布。地板及地板布的安装应牢固可靠，使其在长期运营中能够保证良好的外观质量。

【任务实施】

1.举例说明城轨车辆车体常见的故障。

2.简要说明城轨车辆车体常见故障的原因。

【效果评价】

评价表

项目名称	车体常见故障处理		学生姓名	
任务名称	任务2　车体的常见故障及原因分析		分　数	
项　目			分　值	考核得分
1.城轨车辆车体故障的相关知识、图片的搜集、整理			20	
2.是否有小组计划			5	
3.城轨车辆车体的常见故障认知情况			30	
4.城轨车辆车体的常见故障原因分析能力			30	
5.编制学习汇报报告情况			10	
6.基本素养考核情况			5	

续表

教师简要评语：
教师签名：

任务3   车体常见故障的处理方法及预防措施

【活动场景】使用多媒体展示车体常见故障的处理方法及预防措施。

【任务要求】掌握城轨车辆车体的常见故障的处理方法。

【知识准备】

上一节讲了常见的一些车体故障，一般的车体故障对运营不会造成直接影响，但会影响到车辆外表、内装整体的美观以及造成部件性能的下降。

客室立柱、扶手杆松动以及其他紧固件松动的故障，一般通过重新紧固即可修复；车窗玻璃龟裂、吊环磨损等故障，需要重新更换处理；车体表面、扶手杆、座椅风挡座等部件漆膜脱落的故障，通过重新补漆来修复。但在运用中由于人为原因或机械刮擦导致部件脱漆现象较为严重，对于较小面积的脱漆日常一般不处理，在年检或架修、大修中集中统一处理。

下面就车体、内装表面小面积刮伤补漆的处理流程进行简单描述：

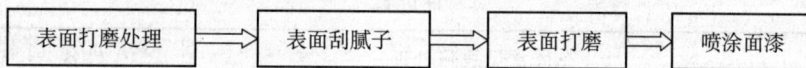

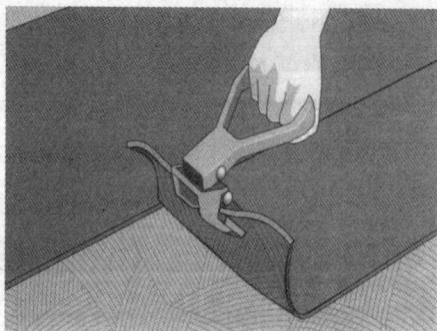

```
表面打磨处理 ──▶ 表面刮腻子 ──▶ 表面打磨 ──▶ 喷涂面漆
```

图2.7 拉条工具

地板布局部破损、焊缝处脱开的故障修复如下：

（1）地板布局部破损的修复方法

1）拆下旧的地板布

①用刀具和尺将旧地板布切成宽10 cm左右的地板条。

②用地板布拉条工具向后拉地板条（见图2.7），或使用电动剥离器。

2）切割新的地板布

3）地板布粘接准备

①将原来存留的胶彻底清除。

②表面必须打磨（用磨砂布）。

③地板表面不能有油脂及灰尘。

4）涂胶

①根据供货商的说明，使用规定的地板布胶涂抹在地板上。

②胶涂抹应均匀，且涂抹后应置放一定的时间。

5）平整地板布（见图 2.8）

放下地板布，用软木挤压使其平整。在粘接及平整过程中，展开或移动地板布时，所用力应均匀。地板上（整个更新的安装区域）必须压放木板和其他额外质量直到胶完全硬化为止，粘胶后 24 h 之内不要用脚踩踏。

图 2.8　平整地板布

（2）**地板焊缝修复方法**

1）开坡口

地板布的接缝处必须使用三角刮刀开坡口，如图 2.9 所示。

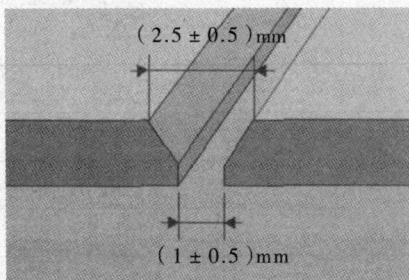

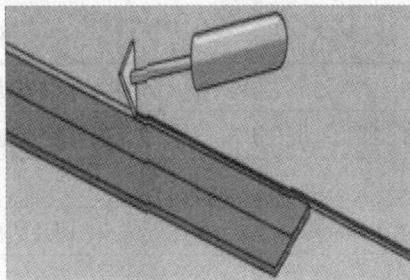

图 2.9　地板布接缝处使用三角刮刀开破口

2）焊条

用直径大约为 5 mm 的焊条处理焊缝，焊条的颜色与地板布相同。

3）焊接工艺

焊接时用调速焊枪滚咀，焊接速度根据气流速度及温度（400～500 ℃）达 1.5～5 m/min，如图 2.10 所示。

4）清理焊缝

用方月牙刀和焊缝清理工具清理焊缝，如图 2.11 所示。当焊点冷却后，用刮刀清理焊缝，以免焊缝产生中空。

车体常见故障可通过日常的例行检查如日检、双周检、月检等修程来预防发现并处理。平时须加强车体、内装一些紧固部位的检查工作,发现问题要分析、总结原因,找出规律,制定合理的检修周期,从根本上做好预防措施。目前,车体、内装材料大面积使用不锈钢材料,因而避免了涂漆工艺,减少了维护作业。

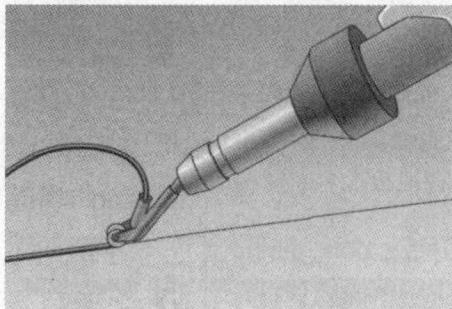

图2.10 调速焊枪滚咀焊接

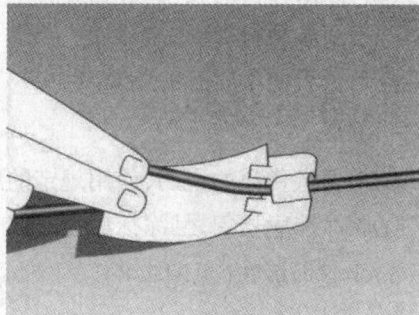

图2.11 焊缝清理用方月牙刀

对于车窗、车门玻璃,目前普遍采用安全钢化玻璃,当玻璃被外力破坏时,碎片成类似蜂窝状的碎小钝角颗粒,并连成片状,减少对人体的伤害。同时安全钢化玻璃抗冲击强度高、热稳定性好,不易损坏。

【任务实施】

1. 举例说明城轨车辆车体常见故障的处理方法。

2. 简要说明城轨车辆车体常见故障的预防措施。

【效果评价】

评价表

项目名称	车体常见故障处理		学生姓名	
任务名称	任务3 车体常见故障的处理方法及预防措施		分　数	
项　目			分　值	考核得分
1.城轨车辆车体故障处理方法的相关知识、图片的搜集、整理			20	
2.是否有小组计划			5	
3.城轨车辆车体的常见故障处理方法的掌握情况			30	
4.城轨车辆车体的常见故障预防措施的掌握情况			30	
5.编制学习汇报报告情况			10	
6.基本素养考核情况			5	
教师简要评语:				
			教师签名:	

项目小结

通过本章学习,掌握轨道交通车辆的车体结构及各部分功能;掌握车体常见故障现象,能分析处理一般常见的故障原因;掌握车体常见故障的处理方法及预防措施等。

思考与练习

举例说明轨道交通车辆车体常见故障及处理方法。

项目3 车门系统常见故障处理

【项目描述】城轨交通车辆车门系统在城轨运营中有着非常重要的作用，车门系统出现故障会直接影响乘客的上下车，进而影响运营过程。从各大城市地铁运营情况来看，车门系统的故障率一直在车辆各系统中占据较高地位，本项目主要对车门系统的组成原理、常见故障的原因分析、处理方法作了详细的阐述，使大家能很快熟悉并能解决车门系统的常见故障。另外，在日常维护中也应当对车门系统多加关注，对于状态不良的部位应及时调整，从而降低故障率。

【学习目标】学习掌握轨道交通车辆的车门系统结构及各部分功能；客室车门的常见故障现象和发生原因；熟练掌握客室车门的故障预防和常见故障的处理方法。

【技能目标】熟悉客室车门的常见故障现象，能对故障原因进行分析；能对客室车门的常见故障进行处理，并作出必要的预防措施。

任务1　车门系统的组成及基本工作原理

【活动场景】在城轨车辆检修车间对车门系统的组成结构的认知(或使用多媒体展示城轨车辆车门系统的组成)。

【任务要求】

(1)掌握城轨车辆车门系统的分类及结构形式。

(2)了解城轨车辆车门系统的基本工作原理。

【知识准备】

(1)车门系统的分类

车门是城市轨道车辆的一个重要组成部件,对车体强度及车辆整体形象影响甚大,且与运营安全有直接的关系。同时,由于地铁车辆具有运载客流量大、乘客上下车频繁等特点,一般每辆列车的车门数量较多、开度大,开关门动作也比较频繁。

城市轨道车辆车门包括客室车门、司机室侧门以及司机室与客室间的通道门,如图3.1和图3.2所示。出于保障乘客安全的考虑,有的城市轨道车辆会在列车两端司机室的前端设有紧急下车的安全疏散斜梯,如图3.3所示。在紧急情况下,可以向前放下至路基上,作为通向地面的踏板,用于列车发生火灾或紧急事故时疏散乘客。

图3.1　客室车门　　　　　图3.2　司机室侧门　　　　　图3.3　安全疏散门

车门按驱动方式可分为以压缩空气作为开关动力的气动门和采用电机驱动的电动门两种。从实际应用中得到,电动门与气动门相比,具有结构简单、易于控制、故障率低、维修少等优点,目前电动门普遍用于各城市轨道车辆中。

车门系统按照其开启及结构形式主要可分为内藏门、外挂门、塞拉门和外摆门。

1)内藏门

车辆在开关门时,门页在车辆侧墙的外墙板与内饰板之间的夹层内移动,传动机构设于车厢内侧车门的顶部,装有导轮的门页可在导轨上移动并与传动装置的钢丝绳、皮带或丝杠相连,借助风缸或电机驱动传动机构,从而实现车门的往复开关动作。

2)外挂门

车门驱动结构工作原理与内藏门相同,外挂门的门页和悬架机构均位于车辆侧墙的外侧,外挂门的结构较简单。

3)塞拉门

借助于车门上端的传动机构和导轨,车门开启时,门页贴靠在侧墙的外侧,车门在关闭时,门页外表面与车体外墙成一平面。

4)外摆门

外摆门在开门时,通过转轴和摆杆使门页向外摆出,并贴靠在车体的外墙板上,门关闭后门页外表面与车体成一平面。这种车门结构特点为当门在开启的过程中,门页需要较大的摆动空间。

以上类型的车门各具自身特点,从安全可靠性来讲,列车在隧道中运行,随着速度的提高,其空气的阻塞比大大增加,对外吊的悬挂门产生较大的压力,车门会产生小的晃动等不稳定因素,影响车门的安全可靠性。塞拉门由于与车体在同一平面内,保持列车较好的流线型,所以具有密封性好、空气阻力小等特点,但塞拉门的结构较移动门复杂,且造价较高。车门的形式种类虽然各不相同,但实现的功能却大同小异,性能参数也差不多。

（2）客室车门系统的组成及工作原理

本节以双扇电控电动内藏门系统为例，简单介绍客室车门系统的组成及工作原理。

双扇电控电动内藏门主要结构由门板总成（左、右）、驱动机构组成、内/外紧急解锁装置、内/外紧急解锁钢丝绳、指示灯、密封毛刷组成，如图3.4和图3.5所示。

驱动机构包括安装底板组成、左/右侧门吊板组成、传动装置以及驱动机构锁组成。安装底板组成又包括安装底板、定位止挡、附件组成、端子排组成、行程开关组成、门控器组成等元件。

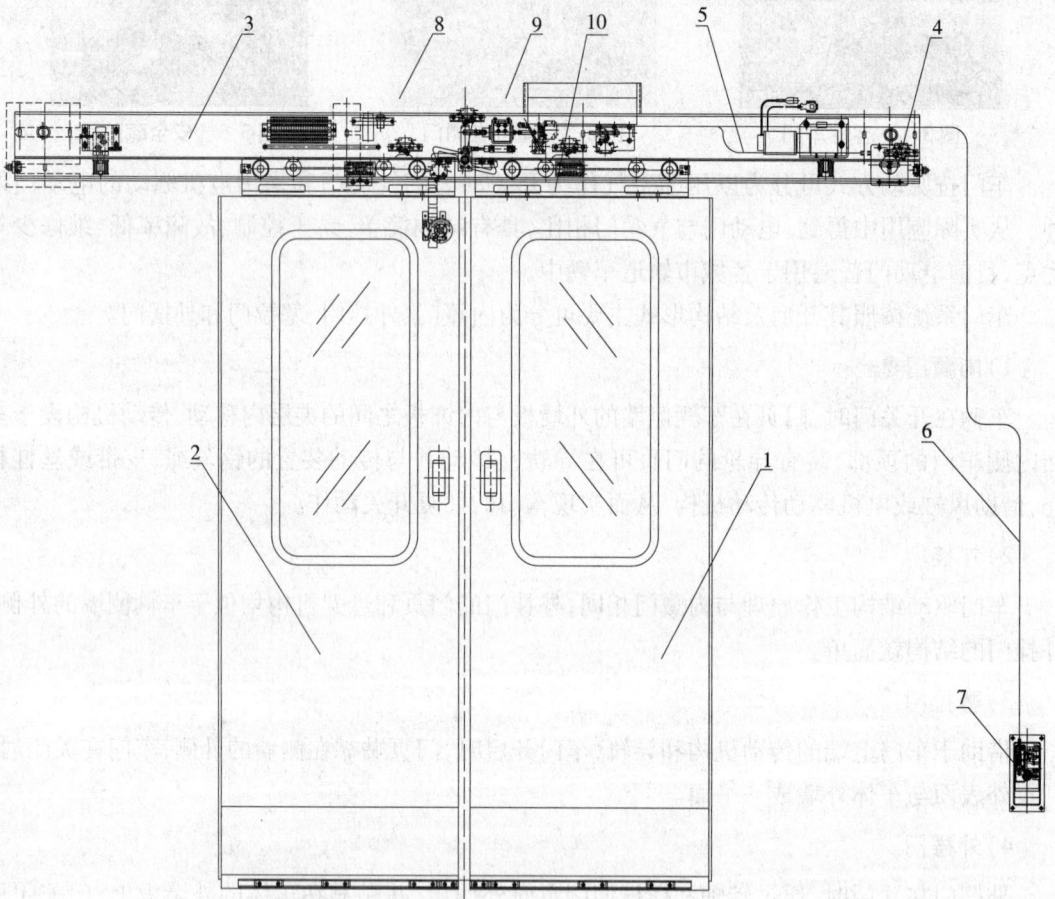

序　号	名　　称	序　号	名　　称
1	门板总成（右）	6	外紧急解锁钢丝绳
2	门板总成（左）	7	外紧急解锁装置
3	驱动机构组成	8	开关门指示灯（橙色）
4	内紧急解锁装置	9	隔离指示灯（红色）
5	内紧急解锁钢丝绳	10	密封毛刷组成

图3.4　双扇电控电动内藏门结构

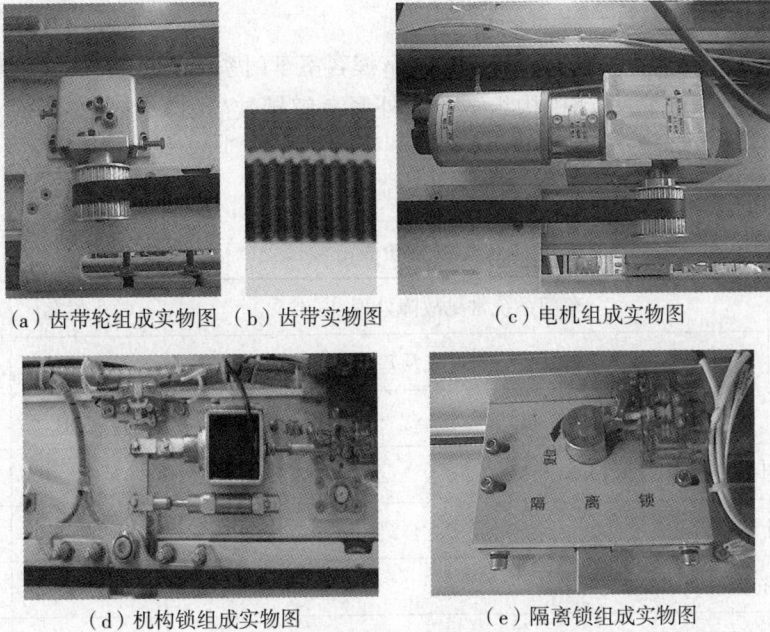

（a）齿带轮组成实物图　（b）齿带实物图　　　　（c）电机组成实物图

（d）机构锁组成实物图　　　　　　（e）隔离锁组成实物图

图 3.5　双扇电控电动内藏门部分实物图

　　门控器组成主要包括门控器（EDCU）以及门控器支架，门控器是整个客室门系统的"大脑"，所有的控制命令均由门控器控制。在动作过程中，负责监视门扇的关闭与开启动作，控制开关门的速度、方向，并且有障碍物探测功能，从而能可靠地避免夹人。门控器还能够识别出某些待确定的故障，通过网络将故障信息提供给 TMS。门控器 EDCU 其控制原理如图 3.6所示。

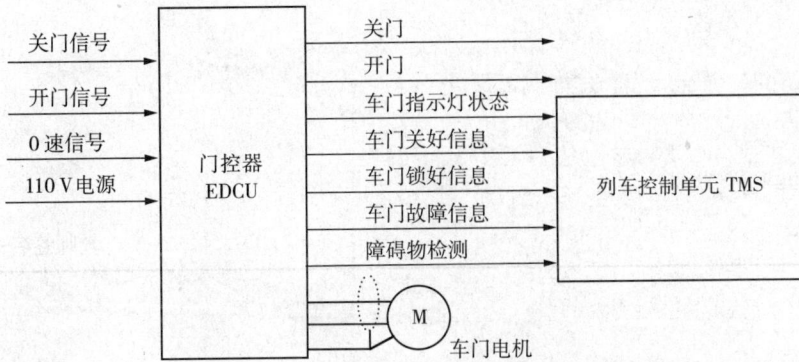

图 3.6　门控器 EDCU 其控制原理简图

　　客室车门传动装置的原理为：门控器得到开、关门指令，驱动电机得电旋转，旋转通过锥齿轮减速箱变向及减速，输出到电机齿带轮，电机齿带轮旋转带动齿带动作，从而使齿带在齿带轮之间进行直线运动。齿带在作直线运动的过程中，通过齿带夹带动左、右两个门吊板组成在安装底板的导轨中作方向相反且同步的运动，进而门吊板组成将运动传递给左、右门板，使其在门框范围内做开、关动作。

【任务实施】

进行双扇电控电动内藏门的各部件拆装,掌握客室车门系统的组成,认识双扇电控电动内藏门的门板总成(左、右)、驱动机构组成、内/外紧急解锁装置、内/外紧急解锁钢丝绳、指示灯、密封毛刷组成等并进行安装维护。

【效果评价】

评价表

项目名称	车门系统常见故障处理		学生姓名	
任务名称	任务1 车门系统的组成及基本工作原理		分 数	
项 目			分 值	考核得分
1.车门系统的相关知识、图片的搜集、整理			10	
2.是否有小组计划			5	
3.城轨车辆车门分类的认知情况			20	
4.城轨车辆车门常见结构形式及各自特点的认知情况			25	
5.电控电动内藏门的组成原理的认知情况			25	
6.编制学习汇报报告情况			10	
7.基本素养考核情况			5	
教师简要评语:				
			教师签名:	

任务2 车门系统的常见故障及原因分析

【活动场景】在城轨车辆检修车间对车门系统的维修中常见故障现象,如车门机械、车门气路、车门电路等方面进行分析,总结故障原因。

【任务要求】

(1)掌握城轨车辆车门机械系统常见故障及原因;

（2）掌握城轨车辆车门电路系统常见故障及原因；

（3）掌握城轨车辆车门气路系统常见故障及原因；

（4）熟悉城轨车辆车门各种故障现象及可能的原因。

【知识准备】

城轨车辆车门系统在运营中起着重要的作用，客室车门数量多，开关频繁，一旦车门发生故障，将会给地铁运营带来较大影响，车门故障是困扰运营的一大因素。从广州、深圳、西安等城市地铁运营情况来看，车门系统的故障率一直在车辆各系统中占据较高地位。车门故障表现复杂繁多，其中既有车门气动系统、机械传动方面的问题，也有很多车门电气控制及信息检测系统的故障。因此，在日常维护中应当对此多加关注，对于状态不良的部位及时调整，降低故障率。

车门故障在正线运营中出现的故障主要集中为车门不能打开、车门无法关闭、检测不到车门信号、开关门时动作不良（时快、时慢）等现象。通过调查分析，导致上述故障的原因主要有以下5个方面：

①各种接线端连接不牢，在列车正常运营过程中，容易松脱。如开关门列车线松动从而导致车门不能正常打开或关闭，TMS的连接线路脱开而导致无法检测车门信号，解决办法是重新紧固各接线端子。

②车门在运行中由于频繁操作，将导致一些本来安装调好的门上机构的位置有了变化，使门在开关时动作不良，要注意调节和经常检查一些机构，包括挡销与门槛嵌块的相对位置关系，平衡轮与门页凹槽的相对位置关系等。

③一些机械部件本身存在安装或质量方面的问题。

④一些螺栓等紧固件松动，车门的导轨螺栓松动，会导致开门动作不良，门的下滚轮松脱而不能正常开门等。

⑤车门控制器（EDCU）存在硬件或软件设计方面的问题。

本节主要将从车门机械、车门气路、车门电路等方面对常见的客室车门故障进行阐述及原因分析。

（1）车门机械系统常见故障及原因

车门机械故障主要分两种：一种是零部件损坏故障；另一种是调整不到位故障。

1）机械干涉

机械干涉主要表现在门板运动时与门罩板或侧墙板刮蹭、门机构驱动装置与门罩板刮蹭形成机械性的干涉。一般是由于罩板安装或车门机构调整不到位造成，该问题在新车调试、运营初期经常出现。

2）机械尺寸变化引起的故障

车辆运行中，在客流大集中时，由于车体挠度等因素影响，造成车门相关部件与车体等部位尺寸变化，引起车门打开或关闭不良等故障。

3）紧固件松动

车辆在线路运行中，受震动冲击，长时间会造成部分紧固件松动，从而导致车门机械尺寸

27

发生变化,引起车门故障。

4)部件裂纹、折断

在运行中,客室车门要频繁开关动作,有些受力部件因材质、设计缺陷以及安装不规范经常会出现部件裂纹或折断的情况,如车门复位汽缸安装螺丝断、承载轮破裂、车门导柱挂架断、车门皮带断裂等故障,如图3.7所示。

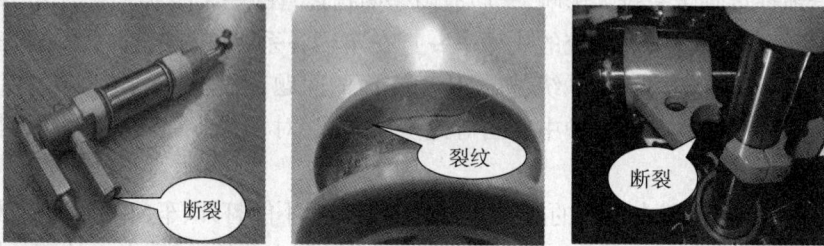

（a）车门复位汽缸安装螺丝断　　（b）承载轮破裂　　（c）车门导柱挂架断

图3.7　常见部件断裂、裂纹故障

5)车门电机皮带断裂

列车在运行4～5年后,车门电机皮带由于疲劳原因,会出现皮带裂纹、断裂的故障,造成开关门时车门处于自由状态,车门电机空转的现象。目前,车门皮带大多采用内衬张力钢丝的具有高强度、高抗疲劳性的产品。皮带安装后具有一定的张紧力,可通过调整驱动机构的皮带轮来达到标准的张紧力要求,皮带表面如果出现裂痕、断裂、半圆齿形破损等缺陷时必须进行更换。

(2)**车门电路常见故障及原因**

车门电路故障主要有继电器卡滞、烧损,行程开关内部弹簧老化造成触头接触不到位、车门电机故障、门控器故障以及车门状态指示灯的故障。这类故障均可通过对相关车门电路的分析查出故障点并处理。

1)门控器(EDCU)故障

门控器故障主要表现在门控器软件设计缺陷、门控器硬件故障,导致车门部分功能缺失或开关门故障等问题。一般情况下,门控器都设有LED状态指示装置,通过代码来判断故障。

2)车门电机故障

车门电机故障主要表现在车门不动作或动作后突然停止等现象。一般情况下为电机本身的故障,电机线圈烧损或电机接线的问题。

3)车门行程开关故障

行程开关主要是对客室门系统的各种状态给予信号(见图3.8),包括门关好信号、门开好信号、隔离信号、紧急解锁信号等,需要定期对外观进行检查,如果发现行程开关塑料外壳碎裂或行程开关触点烧损以及动作不灵活的现象时都要对其更换。

正视　　　　　　　　　　　　　　　　　　侧视

摆臂无严重水平位置偏移

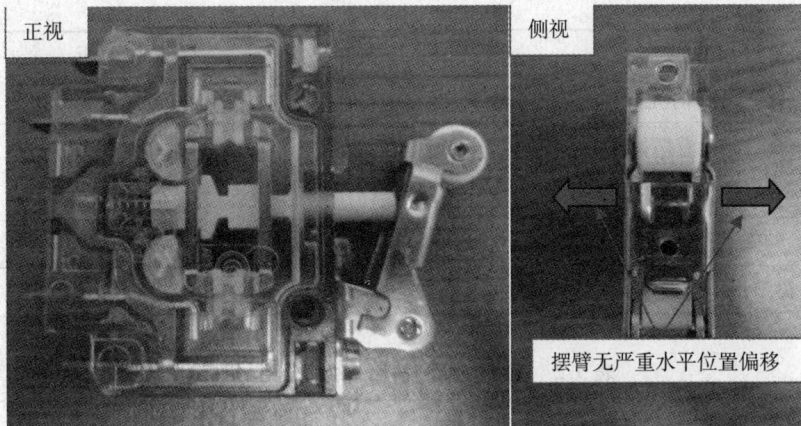

图3.8　车门行程开关

（3）车门气路常见故障及原因

车门气路故障主要表现在气动元件调节功能失效、漏气等，可通过用新件替换查找故障件。比如：驱动风缸漏气、中央控制阀漏气、中央控制阀速度及缓冲调节失效、单向节流阀调节功能失效、解锁风缸动作不灵活等故障。

通常情况下，驱动风缸漏气情况较为普遍，可采取先更换驱动风缸的处理方法进行检查，故障一般为密封件损坏或安装松动造成。

（4）常见车门故障现象及原因一览表

客室车门故障现象及原因分析和司机室侧门故障现象及原因分析分别见表 3.1 和表 3.2。

表 3.1　客室车门故障现象及原因分析

序号	故障描述	故障及原因分析
1	门系统不能手动打开	外紧急解锁钢丝绳上钢丝绳头松脱，手动无法解锁
2		内紧急解锁钢丝绳上钢丝绳头松脱，手动无法解锁
3	门不能电动开门	1. 门控器无电源； 2. 电源开关故障； 3. 门控器故障； 4. 电磁铁故障； 5. 后部密封胶条刮侧墙
4	门不能电动关门	1. 后部密封胶条刮侧墙； 2. 地板面导轨槽变形或损伤； 3. 门关到位开关和锁到位开关位置松动； 4. 门关到位开关和锁到位开关损坏； 5. 门控器故障； 6. 关门阻力大； 7. 地板面导轨槽内有障碍物； 8. 门板中间有障碍物； 9. 门道内有障碍物

续表

序号	故障描述	故障及原因分析
5	门在接近全开时无减速、缓冲功能	门控器故障
6	没有防挤压	门控器故障
7	开、关门速度太慢	门控器故障
8	开、关门时蜂鸣器不响	蜂鸣器坏
9	开、关门指示灯或隔离指示灯不亮	指示灯坏或门控器故障

表 3.2　司机室侧门故障现象及原因分析

序号	故障描述	故障及原因分析
1	门不能被打开	1. 门锁组成失效； 2. 地板面导轨槽内有障碍物； 3. 门板中间有障碍物； 4. 门道内有障碍物
2	门不能关	1. 地板面导轨槽变形或受损； 2. 驱动机构上导轨变形或受损； 3. 地板面导轨槽内有障碍物； 4. 门板中间有障碍物； 5. 门道内有障碍物

【任务实施】

1. 对城轨车辆客室车门的各种常见故障现象进行分类分析并找出原因。

（1）对车门机械系统故障现象进行分析；

（2）对车门电路系统故障现象进行分析；

（3）对车门气路系统故障现象进行分析。

2. 根据城轨车辆客室车门检修时出现的故障现象，分析可能的故障原因。

【效果评价】

评价表

项目名称	车门系统常见故障处理		学生姓名	
任务名称	任务 2　车门系统的常见故障及原因分析		分　数	
项　目			分　值	考核得分
1. 车门系统各种故障现象的收集、整理			5	
2. 是否有小组计划			5	
3. 城轨车辆车门机械系统常见故障及原因的认知情况			20	

续表

项 目	分 值	考核得分
4. 城轨车辆车门电路系统常见故障及原因的认知情况	20	
5. 城轨车辆车门气路系统常见故障及原因的认知情况	20	
6. 城轨车辆车门各种故障现象的可能原因识记情况	20	
7. 编制学习汇报报告情况	5	
8. 基本素养考核情况	5	
教师简要评语：		
	教师签名：	

任务3 车门系统常见故障的处理方法及预防措施

【活动场景】在城轨车辆检修车间对车门进行日检,有针对性地进行相关部件检查,对检出的问题进行处理。

【任务要求】掌握城轨车辆车门系统的常见故障处理方法及预防措施。

(1)掌握城轨车辆车门日常预防性检查的要点。

(2)掌握城轨车辆车门故障的检查方法及处理。

(3)熟悉城轨车辆车门各种故障现象的可能原因。

【知识准备】

车门零部件损坏一般通过更换新件解决,但如果同一类零部件损坏率较大,则应当检查是否存在系统设计问题或调整上的失误,通过专项技术整改来解决存在的问题。如针对现场存在的车门复位汽缸安装螺丝经常断裂的故障,经分析属结构问题,从而进行更换,如图3.9所示。司机室侧门经常在关门过程出现下摆臂脱出门板导轨的情况,在门板上粘接一段防脱条的整改,如图3.10所示。

在新车调试或运营初期,车门会经常出现因调整不到位而造成的故障,因此,需要对门的安装尺寸、配合间隙等数据进行校对、调整,满足标准要求。

同时,客车侧门门控器(EDCU)具有故障诊断功能,在客室侧门系统工作时,对门系统进行控制、监视和保护,当车门系统出现故障时门控器进行判定,并通过通信系统传输给TMS。故障诊断功能可用位于门控器表面的LED数码管显示,不同数值和字母代表不同的车门状

31

态、动作、门控器响应的指令及故障现象,见表3.3。通过代码显示,可以方便地查找故障根源,进行针对性的处理。

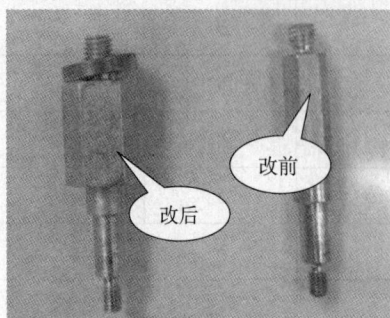

图 3.9 车门复位汽缸安装螺丝整改

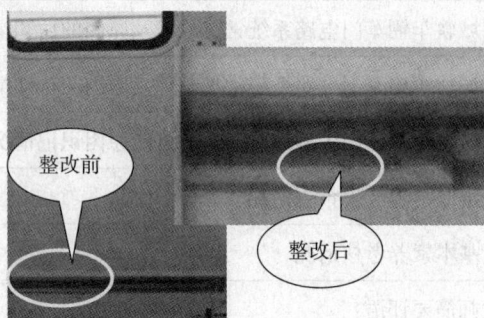

图 3.10 司机室侧门下摆臂脱出门板的整改

表 3.3 门控器 LED 数值显示列表

数码管显示	门的状态	数码管显示	门的状态
0	正常等待	F	上电复位
1 和 2	开门过程	A	隔离
3 和 4	关门过程	b	紧急解锁
5	开门命令	C	障碍物停
6	关门命令	d	紧急解锁和无零速信号
7	再开闭命令	E	编码器故障
8	服务按钮命令	H	电机故障
9	无零速信号	L	电磁铁故障
		h	门板开关故障
		P	输出短路

另外,使用在线诊断软件,通过 RS232 口与计算机连接,从而对车门的状态和故障实现在线诊断或对程序进行刷新。对于重要的故障信息包含相应的相关数据,通过相应的分析软件和专门通信线可以将下载的数据还原成可用于分析故障的记录表,分析过程可通过 RS232 口与计算机连接,从而对车门的状态和故障实现在线诊断。

在实际运营中,造成车门故障的很大一部分属于门控器(EDCU)故障引起。因此,除了日常检修工作中对车门机械部件的检查外,还要加强门控器本身故障的跟踪,在和厂家充分沟通的情况下,对门控器从设计生产上进行改进,才能达到最终解决车门故障或降低车门故障率的目的。表3.4是车门部分故障的处理方法。

表 3.4　车门部分故障的处理方法

故障现象	故障原因	检查方法和解决方法	提　示
单个车门无法打开	门控器故障 门控器或端子排接线问题 门机构配合不当 驱动装置故障	1. 检查门控器是否安装状态良好、性能良好,否则更换门控器; 2. 检查门控器接线和端子排接线是否牢固、无烧损,重新插装接线端子后,检查故障是否消失; 3. 检查门机构; 4. 检查驱动装置	此为常见故障,引发此种故障的原因较多,可结合门控器 LED 显示判断故障点,解决问题
单个车门无法关闭	门控器故障 门控器或端子排接线问题 门机构配合不当 驱动装置故障	1. 检查门控器是否安装状态良好、性能良好,否则更换门控器; 2. 检查门控器接线和端子排接线是否牢固、无烧损,重新插装接线端子后,检查故障是否消失; 3. 检查门机构; 4. 检查或更换驱动装置	此为常见故障,引发此种故障的原因较多,可结合门控器 LED 显示判断故障点,解决问题
单个车门无通信	门控器故障 门控器或端子排接线问题	1. 检查门控器是否安装状态良好、性能良好,否则更换门控器; 2. 检查门控器接线和端子排接线是否牢固、无烧损,重新插装接线端子后,检查故障是否消失	多为门控器故障,此故障将导致司机无法判断该门状态,影响行车安全
MMI 显示单个车门紧急解锁	门控器故障 紧急解锁装置故障	1. 检查门控器是否安装状态良好、性能良好,否则更换门控器; 2. 检查紧急解锁行程开关是否安装状态良好、性能良好,检查柔性钢索是否安装牢固,无磨损、无断股,必要时进行调整和更换	多为紧急解锁行程开关故障
MMI 显示单个车门电磁铁故障	门控器故障 电磁铁故障 门机构配合不当	1. 检查门控器是否安装状态良好、性能良好,否则更换门控器; 2. 检查电磁铁工作是否正常,否则更换电磁铁; 3. 检查门机构	多为门控器故障
MMI 显示单个车门开关门超时	门控器故障 门控器或端子排接线问题 编码器故障	1. 检查门控器是否安装状态良好、性能良好,否则更换门控器; 2. 检查门控器接线和端子排接线是否牢固、无烧损,重新插装接线端子后,检查故障是否消失; 3. 检查电机编码器是否工作正常,否则更换编码器	多为门控器故障

续表

故障现象	故障原因	检查方法和解决方法	提 示
MMI 显示单个车门故障物	门控器故障 撞栓不灵活 机构配合不当 驱动装置故障	1. 检查门控器是否安装状态良好、性能良好,否则更换门控器; 2. 检查锁闭撞栓状态是否良好,动作灵活可靠,否则更换; 3. 检查门机构; 4. 检查或更换驱动装置	多为撞栓问题

车门系统部件众多,一般情况日常的预防检查,要有重点、针对性地进行检查,客室车门关键部件检查要求如下:

1)门控器检查要点

门控器的插头容易松动,检查时需特别注意。

2)中央锁机构检查要点

①锁钩转动灵活,复位汽缸活动自如、汽缸无断裂。

②电磁铁工作正常,铁芯移动无卡滞现象。

3)电机、皮带检查要点

①电机轴无变形弯曲、无裂纹。

②皮带松紧适度、无裂纹。

③皮带位置应保持在皮带导向轮的中间位置。

4)导轨、滚轮检查要点

①门扇上、下导轨无异物及变形。

②手动开关门扇时,滚轮滚动自如。

③门扇吊挂螺栓安装紧固。

④门扇底沿与下导轮底面间距离应保持在 6 ~ 8 mm。

5)行程开关检查要点

①行程开关表面无裂纹、安装紧固、位置正确。

②行程开关触点活动灵活,触点滚轮转动自如。

③行程开关接线无松动、内部无拉弧痕迹。

6)紧急解锁装置检查要点

①紧急解锁钢丝绳安装良好、无断裂。

②内、外紧急解锁旋钮及扳手转动自如。

【任务实施】

1. 检查中发现车门零部件有裂纹或断裂,应进行相关处理。

2. 进行单个车门无法打开(关闭)情况的处理。

3.进行单个车门无法通信情况的处理。

4.进行单个车门开关超时情况的处理。

5.MMI 显示单个车门故障物,进行相关处理。

【效果评价】

评价表

项目名称	车门系统常见故障处理		学生姓名	
任务名称	任务3 车门系统常见故障的处理方法及预防措施		分　数	
项　目			分　值	考核得分
1.车门系统常见故障现象的处理方法资料的搜集			5	
2.是否有小组计划			5	
3.对城轨车辆车门日常预防性检查的要点的熟悉情况			20	
4.城轨车辆车门门控器诊断功能的认知情况			20	
5.对城轨车辆车门常见故障现象的检查方法及解决方法的掌握情况			25	
6.对单个车门无法打开、关闭、通信及开关门超时等现象的解决方法的熟悉程度			15	
7.编制学习汇报报告情况			5	
8.基本素养考核情况			5	
教师简要评语:				
			教师签名:	

项目小结

通过本章学习,掌握轨道交通车辆的客室车门结构及工作原理;掌握车门常见故障现象和发生原因;掌握车门常见故障的处理方法及预防措施等。

思考与练习

1. 举例说明轨道交通车辆客室车门常见的故障现象,并提出对该故障的处理措施。
2. 描述车门电机皮带及行程开关的检查要点。

项目 4   转向架系统常见故障处理

【项目描述】本项目主要介绍轨道交通车辆的转向架装置结构及功能；转向架的常见故障现象和原因分析；转向架的常见故障处理方法及预防措施等。

【学习目标】学习熟悉轨道交通车辆转向架装置结构及各部分功能；掌握转向架的常见故障现象和发生原因；掌握转向架的常见故障处理方法及预防措施等。

【技能目标】学习掌握轨道交通车辆的转向架结构；现场能够识别动、拖车转向架的不同之处；掌握常见转向架的故障现象，能分析故障原因并掌握一般的处理方法和预防措施。

任务 1   转向架的组成及主要功能

【活动场景】在车辆检修车间现场讲解(或使用多媒体展示)城轨车辆转向架装置的组成。

【任务要求】掌握城轨车辆转向架装置的组成及主要功能。

【知识准备】

转向架是支承车体并担负车辆沿着轨道走行的装置，用来传递各种载荷，并利用轮轨间的黏着保证牵引力的产生，是城轨车辆最重要的组成部件之一。转向架结构性能的好坏，直接影响车辆的牵引能力、运行品质、轮轨的磨耗和列车的安全。

城市轨道交通车辆所采用的转向架，根据是否装有动力设备一般可分为动车转向架和拖车转向架两种。为了检修方便，满足相同部件的互换性，其基本结构相同，主要区别在于驱动系统。动车转向架由于要提供动力，通常配置牵引电机、联轴器、齿轮箱、齿轮箱悬挂装置等，这也是动车转向架与拖车转向架的主要区别，如图 4.1 和图 4.2 所示。

(1)转向架的主要功能

转向架的主要功能包括以下 5 个方面的内容。

①承受车架以上各部分质量。

②保证必要的黏着，并把轮轨接触处产生的轮轴牵引力传递给车架、车钩，牵引列车前进。

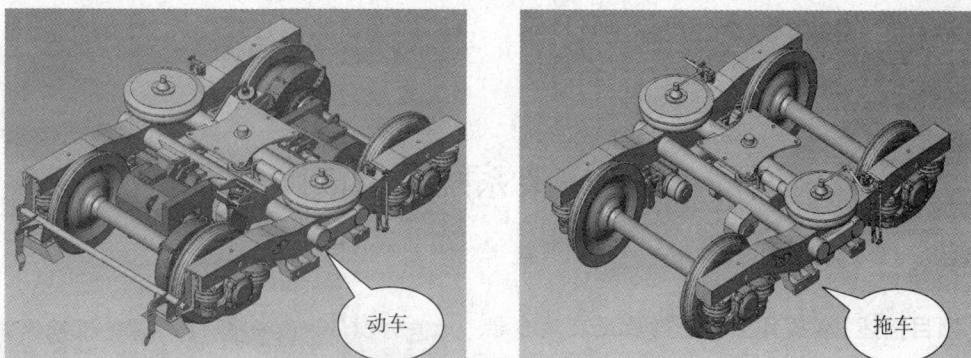

图4.1　动车转向架和拖车转向架对比图

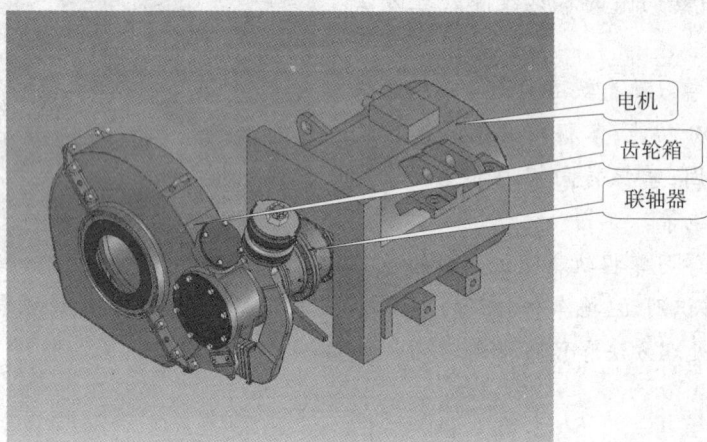

图4.2　动车转向架驱动装置

③缓和线路不平顺对车辆的冲击和保证车辆具有较好的运行平稳性和稳定性。

④保证车辆顺利通过曲线。

⑤产生必要的制动力,以便使车辆在规定的制动距离内停车。

（2）转向架的组成（以动车转向架为例见图4.3）

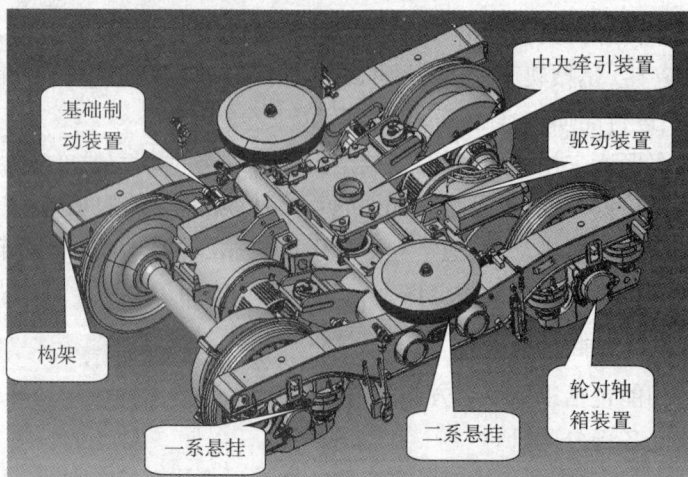

图4.3　动车转向架的结构组成

总的来说,不同转向架结构差别也比较大,很多部件也不一样,但其基本作用和基本组成部分是一样的,一般转向架的组成可分为以下7个部分。

①构架。构架是转向架的骨架,承受和传递垂直力和水平力。城轨车辆转向架构架普遍采用H型轻量化、低合金、高强度钢板焊接结构。

②一系悬挂装置。一系悬挂装置是轮对和转向架构架之间的连接,传递的是轮对和转向架之间的驱动力和制动力。以轮对轴箱为固定的硬基础,在构架的垂向z、行车方向x和横向y这3个方向提供可靠的柔性定位支撑,缓和车辆行驶过程中轮对震动、冲击对构架的影响,为二系减震提供柔性平稳的平台,确保车辆运行的平稳舒适。目前,较为普遍的是采用圆锥叠层橡胶弹簧。

③二系悬挂装置。目前城轨车辆普遍采用空气弹簧,直接支承车体,具有降低车辆自振频率,保证车辆运行平稳性,提高车辆乘坐舒适性的特点。

④中央牵引装置。用以传递车体与转向架间的垂直力和水平力(包括纵向力如牵引力或制动力,横向力如通过曲线时的车体未平衡离心力等),使转向架在车辆通过曲线时能相对于车体回转。

⑤轮对、轴箱装置。轮对直接向钢轨传递车辆的质量,通过轮轨间的黏着产生牵引力或制动力,并通过轮对的回转实现车辆在钢轨上运行。轴箱是联系构架和轮对的活动关节,它除了保证轮对进行回转运动外,还能使轮对适应线路等条件,相对于车架上、下、左、右和前、后活动。

⑥驱动装置。将动力装置的功率传递给轮对,包括牵引电机、齿轮箱、联轴节及相关的固定、吊挂装置。

⑦基础制动装置。采用单侧踏面单元制动缸的制动方式。一般情况下,每台转向架有4个踏面单元制动缸,分为两个具有停放功能的踏面单元制动缸和两个不具有停放功能的踏面单元制动缸,采用高耐磨合成闸瓦。

【任务实施】

能识别动车和拖车转向架,掌握动车和拖车转向架的结构区别;识别转向架的各部分名称及主要功能;组成部件的安装位置等。

【效果评价】

评价表

项目名称	转向架系统常见故障处理		学生姓名	
任务名称	任务1　转向架的组成及主要功能		分　数	
项　目			分　值	考核得分
1.转向架系统的相关知识、图片的搜集、整理			10	
2.是否有小组计划			5	
3.城轨车辆转向架动、拖车结构区别的认知情况			20	

续表

项　目	分　值	考核得分
4. 城轨车辆转向架结构组成的掌握情况	25	
5. 城轨车辆转向架各组成部件的功能认知情况	25	
6. 编制学习汇报报告情况	10	
7. 基本素养考核情况	5	
教师简要评语：		
		教师签名：

任务2　转向架的常见故障及原因分析

【活动场景】在车辆检修车间现场讲解(或使用多媒体展示)城轨车辆转向架装置的常见故障及原因。

【任务要求】掌握城轨车辆转向架装置的常见故障及造成的原因。

(1)转向架部件裂纹产生的部位；

(2)轮对踏面擦伤、剥离产生的原因；

(3)油压减震器的故障现象。

【知识准备】

转向架是承载车体质量和传递牵引力、制动力的重要部件,转向架发生故障应立即采取措施进行处理以保证运营安全。转向架故障有构架裂纹、轮对踏面异常磨耗、齿轮箱漏油等问题,故障产生的原因既有结构设计上的,也有制造工艺和材质选用以及安装质量的问题。城轨车辆转向架在我国经过多年的实践应用,反复进行过多次的设计改进,重大问题及大部分问题基本得到解决,但有些部件在运用中仍旧会出现一些偶然的问题,影响运营安全。

(1)转向架部件裂纹

转向架的构架采用焊接结构,由于焊接工艺、结构设计和运用环境等方面的原因,易在弯角处、吊座耳孔处、原有焊缝缺陷处等受力较大的部位产生集中应力,在往复载荷作用下易于出现裂纹。常见的裂纹部位主要集中在电机吊座上弯板及焊缝处、齿轮箱吊座牵引拉杆根部、齿轮箱吊座吊耳斜撑根部、齿轮箱吊座上盖板等处。因此,在日常检查中应对转向架电机吊座、齿轮箱吊座、牵引拉杆和制动缸安装座等重点部位重点关注,发现外表异常现象及时采取相应的处理措施。在实际运用中,如上海地铁发生多起电机吊座裂纹。最终调查分析原因是由于本身焊接工艺缺陷而产生的应力集中,车辆在运行中频繁的启动、制动,牵引电机在工作时,会对电机吊座产生相应的载荷,以及受线路的冲击,会引起牵引电机的震动。牵引电机吊座由于在长期频繁的交变载荷作用下,在应力集中部位产生了裂纹。在广州、深圳地铁均出现了车轮轴箱的一系弹簧座加强筋板处横向裂纹、ATC 天线支架裂纹等,其原因均为制造工艺缺陷所致,如图 4.4 所示。构架裂纹主要原因有两点:

①构架弯角处断面尺寸的突然变化,易产生应力集中而出现裂纹,属制造工艺缺陷所致。

②焊接工艺不良产生内应力,焊接后未进行热处理消除残余应力,从而导致部件裂纹。

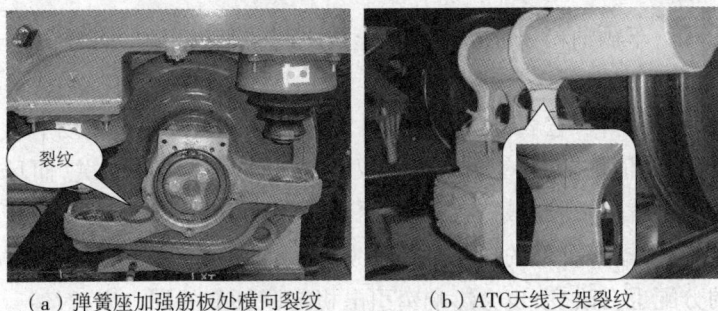

（a）弹簧座加强筋板处横向裂纹　　　（b）ATC天线支架裂纹

图 4.4　转向架常见部件裂纹

(2)轮对踏面异常磨耗

近年来,城市轨道车辆车轮异常磨耗的问题在我国部分有地铁的城市出现较为频繁,导致部分车辆车轮寿命明显降低。据不完全统计,地铁车辆的车轮正常使用寿命可以达到 5~10 年,而由于车轮异常磨耗问题,使得车轮寿命预计降低至 2~3 年,给地铁车辆维护保障企业造成大量经济损失,增加了企业的维修成本。北京、上海、广州、南京、深圳等地铁公司的城轨车辆车轮踏面都曾发生过异常磨耗问题,异常磨耗表现形式主要包括车轮踏面出现沟槽、剥离、脱落以及踏面磨耗不均匀,出现失圆的现象。车辆踏面的异常磨耗直接影响车辆的安全运行,通过镟修可恢复踏面的原形。实际运营中有这种说法:“踏面磨耗不是‘磨’下去的,而是‘镟’下去的。”这样既降低了车轮的使用寿命,又提高了企业维护成本。

一般车轮踏面磨损的主要原因:一是轮轨接触磨损;二是制动闸瓦与踏面的滑动磨损。轮轨接触磨损又以在踏面的不同区域滑动程度分为滑动摩擦磨损和滚动疲劳伤损。滑动摩擦磨损发生在轮缘部位,与车辆的曲线通过性能有关;而滚动疲劳伤损则发生在踏面部位,以横向裂纹、剥离形式出现。影响轮对踏面异常磨损的因素很多,如轮轨材质、线路状态(曲线半径的大小、线路坡度、超高等)、运行速度、轮对和钢轨的断面几何形状、润滑方式、闸瓦材质、电气/空气制动转换时机等,都不同程度地影响轮对的磨损。

地铁车辆的轮轨磨损涉及运行安全性和经济性。我国地铁正处于快速发展期,由于地铁系统在线路条件、运用条件与干线铁路有较大的不同,一些没有在干线铁路系统中显现出来的弱点在地铁系统条件下明显显露出来。而有些问题是各国地铁标准不同,引进中没有加以吸收和消化,造成车辆与线路、车辆本身各子系统间相互的矛盾和不统一。有些问题是国内与国外地铁的运行条件不同,造成在国外地铁中没有显露出来的问题在我国高负荷运转的条件下充分暴露出来。有些是由于在引进车辆的同时,配套的车辆和线路的维护措施、相关标准及规范没有及时跟上而导致的不协调问题发生。诸多问题只有在众多专业技术人员的共同努力下才能积累经验,总结规律,找出根本原因。

(3)轴箱有异音

车辆在运行过程中,轴箱处出现异响的现象。原因其一是轴箱内润滑油缺少,致使轴承转动部件之间产生摩擦;其次是因为轴承部件损坏,造成轴承无法正常工作,产生异音。这种情况,潜在的危害性比较大,要及时找出原因并进行处理。

(4)一系橡胶弹簧发生蠕变

车辆静止状态下,车辆轴箱顶部和转向架止挡之间的距离超限,从而反映出一系橡胶弹簧的蠕变量过大。

橡胶是一种粘弹性材料,它表现为介乎弹性固体和黏性液体之间的所有性质,橡胶的性质对时间和温度有强烈的依赖性,其受力变形不仅和当时作用力大小有关,而且和温度的改变、力的作用时间相关,这就是橡胶的蠕变特性。一系轴箱弹簧为橡胶现金属钢板硫化而成,经过一段时间后可能会出现蠕变沉降的现象。弹簧发生蠕变超过标准尺寸后,转向架构架四角并发生偏差,使重的分配也会改变,也会影响牵引电机与联轴节的同心度,对运营安全影响甚大,因此要及时调整处理。

(5)轮对踏面剥离或踏面擦伤(见图4.5)

图4.5 轮对踏面擦伤

通常情况,列车在停车制动时,如果施加的制动力大于正常的黏着力,轮轨间黏着关系遭到破坏,车轮会被闸瓦抱死,列车在钢轨上就会出现打滑现象。轮轨间剧烈摩擦使轮对踏面形成近似椭圆形的伤痕,俗称轮对擦伤。摩擦产生的高温使踏面金属组织变硬变脆,在列车轮轨多次载荷冲击作用下,较浅的擦伤可能由于与钢轨磨耗而消失,较深或多次重复擦伤可能发展成为踏面剥离。另外,车轮本身的制造缺陷和制动热烈纹的产生也是踏面发生剥离的重要原因。轮对踏面擦伤主要有以下4个原因:

①电制动与空气制动配合上存在问题造成擦伤。

主要是车辆电制动在退出时与气制动补偿存在叠加,造成车辆制动力过大,引起擦伤。这种情况在新车调试期容易出现。通过修改牵引控制单元的软件可以避免。

②低速时的滑行造成擦伤。

一般情况下，停车过程低速时（车辆速度在 10 km 以下），由于制动系统速度识别、制动缸压力响应时间、单元制动缸响应时间等问题的存在，虽然制动系统也进行防滑控制，但控制不是很及时，因此如果发生滑行，将不可避免发生小的擦伤。另外，低速时使用高级位制动将加大发生滑行的几率。因此，建议司机在行车过程中，应尽量避免低速时使用高级位制动，避免滑行的发生。另外，有待制造厂商开发出适合低速时的防滑控制方法。

③轨面湿滑时的滑行造成擦伤。

雨雪天气会使得轮轨间黏着系数降低，制动力超过轮轨间黏着力时便会发生滑行，造成擦轮。对于此类情况不能完全避免，但通过司机在制动时轻揉操纵会降低发生轮对擦伤的概率。

④空气制动防滑控制功能失效。

空气制动防滑控制功能的故障（PCVF）会使得本车系统切除防滑功能，滑行发生时不再进行防滑控制，极易造成轮对擦伤。因此，积极预防和处理防滑故障是保障车辆安全运营的有效手段。

（6）齿轮箱漏油

齿轮箱体有漏油现象。如漏油处出现在上下箱体的分界面处，通常是由于分界面处的纸垫损坏造成的；如漏油处出现在齿轮箱固定螺栓处，通常是由于螺纹处漏油引起的。

（7）油压减震器漏油和减震器衬套损坏

油压减震器漏油，油压减震器外筒表面有油迹，如图 4.6 所示。如果初次发现减震器有少量油迹，可先用棉布将油迹擦去，待车辆运营一段时间后，再次检查减震器是否有油迹，如果没有油迹出现，可判断此减震器为假性漏油；如果油迹再次出现，则此减震器需要更换，持续泄漏将导致减震器功能降低；如果初次发现减震器出现大量油迹，则需更换减震器，并解体检查。

油压减震器漏油可参考图 4.7 进行处理。一般分为没有功能性损坏的一般污迹（状态如图 4.7 所示的 1—4）、少量油膜可见的漏油（状态如图 4.7 所示的 5—8）以及严重漏油（状态如图 4.7 所示的 9—10）。当严重漏油时，如由于油封损坏，减震器在拉伸行程中吸入空气，从而达不到所要求的阻尼特性。这种情况下减震器必须更换。

图 4.6　油压减震器漏油　　　　图 4.7　油压减震器漏油检查对比标准

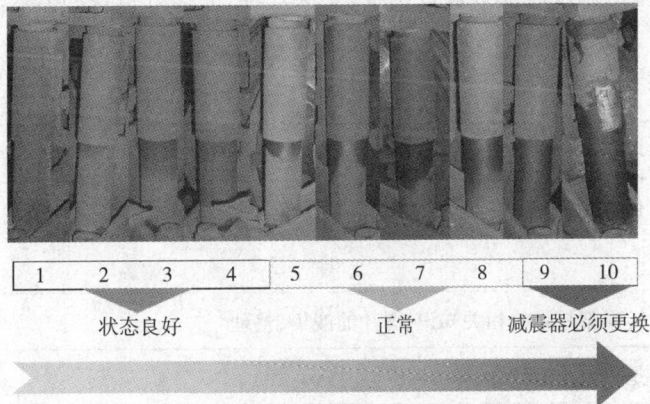

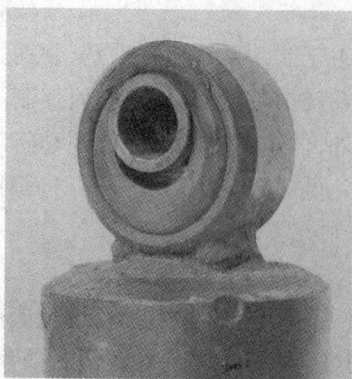

图 4.8 减震器衬套损坏

减震器衬套损坏或橡胶受损变形,如图 4.8 所示。长期运行中衬套可能变形为椭圆形或与设备眼/环不对心的情况。这可能是由于安装位置不正确(由于减震器顶部或底部超过了设计的行程),造成的非正常磨耗损坏,这种情况下则需要更换减震器。

(8)高度调整杆、安全钢索常见故障

高度调整杆是控制空气弹簧充气和排气的部件。在长期车辆运行过程中,可能会出现调整杆调节螺母松动的情况,如图 4.9 所示。调节螺母松动则会造成空气簧充气量偏差,影响车体高度及运行平衡性,在车辆日检中应给予特别关注。

安全钢索主要是在运行时限制车体摆动、防止因空气簧过充造成的车体高度超限,在使用中出现由于工艺压接的原因造成钢丝绳脱扣的情况,如图 4.10 所示。

图 4.9 高度调整杆螺母松动

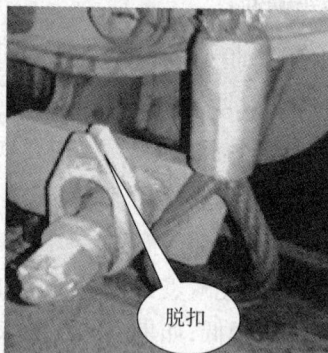

图 4.10 安全钢索钢丝绳脱扣

【任务实施】

现场对转向架易产生裂纹的部位可识别判断;能够认识轮对踏面擦伤、剥离的现象;对转向架的高度阀能够进行调整、更换处理;能够分析转向架裂纹、轮对擦伤的原因。

【效果评价】

评价表

项目名称	转向架系统常见故障处理		学生姓名	
任务名称	任务 2 转向架的常见故障及原因分析		分 数	
项 目			分 值	考核得分
1.转向架故障的相关知识、图片的搜集、整理			10	
2.是否有小组计划			5	
3.城轨车辆转向架裂纹故障的认知情况			25	

项　目	分　值	考核得分
4.城轨车辆转向架轮对踏面擦伤、剥离故障的认知情况	25	
5.城轨车辆转向架油压减震器故障的认知情况	20	
6.编制学习汇报报告情况	10	
7.基本素养考核情况	5	
教师简要评语：		
		教师签名：

任务3　转向架常见故障的处理方法及预防措施

【活动场景】在车辆检修车间现场讲述(或使用多媒体展示)城轨车辆转向架装置故障处理方法及检查预防措施。

【任务要求】掌握城轨车辆转向架装置的处理方法及预防措施。

【知识准备】

上一节讲述了转向架装置的常见故障,转向架质量是行车安全的重要保障,转向架维修检查是车辆的重点项目。转向架部件松脱、裂纹等问题将直接危急到行车安全,转向架轮对的磨耗、参数尺寸的变化,往往会因"量"的变化引起"质"的变化,所以运营维修单位要高度重视转向架故障,要有"故障无小事"的认识。转向架故障,首先要展开同类型部件的普查工作,确定是个性还是共性问题。其次要认真分析是设计结构的原因还是部件质量问题以及人为安装、操作的问题,找准问题的根源。平时要加强转向架各尺寸数据的监测,找到数据变化的一般规律。最后,转向架故障要立即采取措施进行处理以保证运营安全。

结合前面我们对常见故障现象及原因的描述,下面简单的对故障的处理方法进行阐述:

(1)转向架轮对踏面的缺陷故障处理

转向架轮对踏面经常会出现的擦伤、剥离,如果超过运用限度,就要进行镟轮处理,达到相关的标准。例如,我们规定的轮对擦伤限度如下:

①一处以上的大于40 mm;

②两处以上的在20～40 mm;

③四处以上的在 15~20 mm;

④轮踏面擦伤有严重槽沟则必须加工,深度大于 1.5 mm 应进行镟轮。

剥离限度:

①独立的踏面剥离在圆周方向超过 30 mm 的持续长度,深度大于 1.5 mm;

②两个或多个踏面剥离在圆周方向超过 20 mm 的持续长度并且间隔不小于 15mm,深度大于 1.5 mm。

轮缘数据测量:轮缘厚度为 22~33 mm,轮缘高度为 27~35 mm。

轮径差:同一轴不大于 1 mm,同一转向架不大于 3 mm,同一辆车不大于 6 mm。

如果以上测量数据不在规定范围内,均需要进行轮对的加工处理,否则会影响转向架的运用性能,存在一定的安全隐患。

(2)转向架裂纹的故障处理

转向架构架及关键受力部件的裂纹要定期进行探伤处理,裂纹故障要引起足够的重视,如原因是结构问题,一定要进行有效的技术整改。小的裂纹故障通过补焊、加强等手段处理,大的裂纹故障则要整体更换。

(3)液压减震器漏油、齿轮箱漏油的故障处理

对于液压减震器漏油、齿轮箱漏油要定期进行跟踪、排查,确定是否本身安装有问题。液压减震器漏油严重的要进行更换,齿轮箱漏油要检查连接螺栓的紧固情况以及箱体的密封是否良好。

(4)转向架空气弹簧、一系弹簧表面缺陷的处理

空气弹簧表面出现划伤、鼓包的现象要引起足够的重视,严重的需要进行更换处理。一系弹簧橡胶件出现变形、坍塌、裂纹、破损及剥离、金属板明显脱离现象的也需进行更换。

(5)转向架紧固螺栓松动

转向架紧固螺栓一般都受力大,位置很关键,如出现松动的现象要及时进行紧固,按照规定的力矩要求进行处理。一般情况下要定期进行力矩校验工作,确保各紧固件良好。

(6)车辆地板高度偏低的调整

在车辆的使用中,车轮的磨耗、镟修会引起车辆地板面、车钩高的变化,为了调整车体和车钩高度,需要对二系悬挂装置和牵引装置进行调整。

空气弹簧的高度,可以由调整杆的长度来控制。空气弹簧的标准高度应为 (200 ± 2) mm,由于落车后该尺寸无法测量,因此,应通过测量车体底架的工艺块下面与构架的工艺块之间的距离来推测空气弹簧的高度。由于空气弹簧下面可能需要加垫调整,所以最终该距离要求为 $[(255+t)\pm3]$ mm,此处 t 为空气弹簧下调整垫的厚度。

当需要调整车体高度时,如果仅调整高度阀调整杆的长度而不在空簧下部加垫,会造成空簧工作高度和空簧工作直径的变化,导致空簧不在其标准高度下工作,这是绝对不允许的。因此,当辗钢轮因车轮磨耗镟轮后,车体高度需要调整时,需要在转向架构架和空气弹簧下平面之间加调整垫,然后将高度阀调整杆的长度调整相应的长度。

调整垫厚度新造时可用从 0~12 mm,当辗钢轮被加工后为 0~36 mm。同时需要在中心销座和枕梁之间插入相同高度的调整垫。

转向架故障,一是要定期进行相关尺寸的检测工作;二是要定期按照规定进行检查和维护工作。根据车辆检修规程,对转向架各部位进行日常的例行检查,尤其应关注关键部位,故障的多发部位应进行重点检查。下面是转向架装置的检查要点:

1)二系悬挂装置检修

①空气簧高度符合要求。

②高度调整杆调节螺母无松动,旋转灵活。

③安全钢索活动自如,钢丝绳无脱扣现象。

2)轮对轴箱装置检修

①检查轮对踏面擦伤、剥离未超限。

②降噪片安装良好。

③轴箱端盖螺栓无松动。

④轴箱与构架止挡间距符合要求。

3)牵引装置检查

①中心销间隙符合要求,大螺母无松动、开口销无缺失。

②横向止挡间隙符合要求。

③牵引拉杆无变形。

4)齿轮箱及联轴节

①齿轮箱吊杆螺栓安装紧固。

②联轴节安装紧固、状态良好。

5)基础制动装置

①单元制动缸应无漏风现象

②闸瓦安装良好,磨耗不过限。

6)转向架构架

①构架有无腐蚀、裂纹、冲击损伤。

②构架悬挂件(齿轮箱、牵引拉杆、牵引电机)安装座焊接点无裂纹,检查构架、轴箱、齿轮箱及吊杆、轮对及轴、牵引梁、联轴节等安装无松动。

7)齿轮箱油位及磁性螺塞的检查

①齿轮箱油位应符合要求,无渗油现象,油质无变色变质情况。

A. 油量的确认。

在空载停车(运转停止后 15 min 以上)状态下,根据油面计确认油面,若油位在接近下刻线,加油到上限刻度。使用超过上限刻度的油量易引起漏油,低于下限刻度会引起轴承烧损。

B. 确认润滑油有无乳化、劣化。

由于存放时的结露、雨水浸入及雨期运行润滑油会乳化、变白色混浊。

驱动装置浸入水分后,润滑油劣化,产生锈蚀,是造成故障的原因。

从油面计的窗口观察,确认润滑油是否有乳化变色。特别是显著变黑的情况下,请进行磁性螺栓的检查。将确认异常的润滑油放掉,加入新油并用刷子清洗一次后再注油。

②给油磁性螺塞的检查。

因为给油螺塞带有磁性,因此,可通过观察吸附在它上面的小铁屑或磨损到润滑油中的铁粉来检查轴承和其他部件是否正常。

按要求定期拆下加油磁性螺塞,根据表4.1所示看是否有不正常的物质吸附在它上面。检查确认正常后,擦洗干净磁性螺塞并用生料带(没有使用过的)缠绕螺纹部分,然后按规定扭矩拧紧螺塞。

表4.1 磁性螺塞上的铁屑状态及可能的原因

正常状态	异常状态	
在磁铁周围吸附着带油的由于磨损而产生的深灰色细小粒子	除了左栏所述的细小粒子外,整个磁铁都吸附着鳞片状黑色碎片,其颜色较为柔和	磁铁上吸附着较大的碎片
	可能是由于轴承过热烧损产生的碎片,须分解检查,必要时用显微镜对碎片进行分析检查	可能是由于轴承的保持架破损产生的碎片,须分解检查,必要时用显微镜对碎片进行分析检查

【任务实施】

对转向架轮对踏面剥离、擦伤能够识别判断,并提出解决方法;能够按检查要点对转向架进行一般性的检查。

【效果评价】

评价表

项目名称	转向架系统常见故障处理		学生姓名	
任务名称	任务3 转向架常见故障的处理方法及预防措施		分 数	
项 目			分 值	考核得分
1.转向架故障的处理、预防相关知识、图片的搜集、整理			10	

项　目	分　值	考核得分
2. 是否有小组计划	5	
3. 城轨车辆转向架故障处理方法认知情况	25	
4. 城轨车辆转向架轮对踏面擦伤、剥离故障的判断及处理方法	25	
5. 城轨车辆转向架各部件的检查要点掌握情况	20	
6. 编制学习汇报报告情况	10	
7. 基本素养考核情况	5	
教师简要评语： 　　　　　　　　　　　　　　　　　　教师签名：		

项目小结

通过本章学习,掌握轨道交通车辆转向架装置结构及部件功能;掌握转向架装置常见故障现象和发生原因;掌握转向架装置常见故障的处理方法及各部件的检查要点。

思考与练习

1. 举例说明轨道交通车辆转向架装置常见的故障现象,并提出对该故障的处理措施。
2. 叙述轮对轴箱装置及齿轮箱的检查要点。

项目 5　空气制动及供风系统常见故障处理

【项目描述】该项目主要介绍轨道交通车辆的空气制动及供风系统结构及功能；空气制动及供风系统的常见故障现象和原因分析；空气制动及供风系统的常见故障的处理及一般的检查预防措施等。

【学习目标】学习掌握轨道交通车辆空气制动及供风系统结构及各部分功能；掌握空气制动及供风系统的常见故障现象和发生原因；掌握空气制动及供风系统的常见故障的处理方法及预防措施等。

【技能目标】能够掌握轨道交通车辆的空气制动及供风系统结构；掌握空气制动及供风系统的故障现象，能进行一般故障的原因分析；掌握空气制动及供风系统的常见故障的处理方法，能按照检查要点对各部件能进行检查作业。

任务 1　空气制动及供风系统的组成及主要功能

【活动场景】在车辆检修车间现场讲解（或使用多媒体展示）城轨车辆空气制动及供风系统的组成和各部件的主要功能。

【任务要求】掌握 KNORR EP 2002 城轨车辆空气制动及供风系统的组成及主要功能。

【知识准备】

制动系统作为城轨车辆的重要系统，直接涉及车辆的运行性能和安全，影响乘客的舒适度。制动性能的好坏还直接关系车辆运行速度的提高、运能的增长。因此，车辆制动系统类型的选择、性能尤为重要。为适应资源节约型和环境保护的现实需要，城市轨道车辆所采用的制动系统应尽可能最大的利用电制动，它既能通过能量的回收而产生一定的经济效益，又能减少闸瓦的机械磨耗而降低对环境的影响。其次，为了适应短距离启、停车的特点，必须使列车启动快、制动距离短的特点，这就要求制动系统装置具有操纵灵活，响应迅速，停车平稳、准确和制动力大等特点。其次，城市轨道车辆为动、拖车编组列车，所以要求编组列车的各车辆的制动能力尽可能一致，并且能够适应列车乘客量的变化，具有空、重车的调节功能，以降低制动时列车的纵向冲击。

目前,我国城轨车辆主要选用国外进口的制动系统,主要包括日本 Nabtesco 公司制动系统和德国 KNORR 公司的制动系统。国内的铁科院机车车辆所开发研制的模拟微机控制电空制动系统,在技术方面也比较成熟,已经应用于天津、沈阳、重庆、昆明等地的城轨车辆上。

下面以德国 KNORR 公司 EP 2002 制动系统的结构、功能进行讲述:

KNORR 公司的 EP 2002 制动系统,该系统广泛应用在国内轨道交通车辆上。该系统采用了模块化、系统化、集成化设计,集成化程度进一步提高。将制动控制与微机控制集成为 EP 2002 阀,相关制动部件集成在辅助控制板上,辅助控制板与 EP 2002 阀集成在一起,从而减少了管路连接件的数量,方便了安装、调试和检修。

（1）EP 2002 制动系统功能

EP 2002 制动系统具有常用制动、快速制动、紧急制动、保持制动、停放制动、防滑保护、强迫缓解功能。常用制动与快速制动采用电空混合制动,紧急制动采用空气制动。

（2）制动控制系统控制原则

制动控制系统控制原则如下:

①在常用制动过程中,一动一拖作为一个制动单元,进行电制动与空气制动的混合制动。即:优先使用动车的电制动（再生制动、电阻制动）,在电制动力不足的情况下,优先实施拖车上的空气制动,超过拖车制动黏着允许能力的部分由动车的空气制动补充。

②在电制动失效的情况下,空气制动适时自动地进行施加。

③在低速的情况下,空气制动力代替电制动力,使整列车停车。

④快速制动为电空混合制动,优先使用电制动,电制动力不足则空气制动进行补充。

⑤紧急制动为纯空气制动,在紧急制动过程中,每个转向架将根据载荷的情况,实施紧急制动力。紧急制动施加后,在列车停车之前不能缓解。

⑥停放制动施加时,车辆不能牵引。发生制动不缓解时,车辆切除牵引。

（3）系统组成

①风源装置。

风源装置主要由一个往复式空气压缩机（包括一个带有干式吸入式空滤器、中间冷却器、后冷却器、弹性安装装置）、电机组、细目滤油器和吸附式双塔空气干燥器组成。

②制动控制系统。

制动控制系统由网关阀、智能阀和 RIO 阀组成,如图 5.1 所示。"一动一拖"2 节车的 4 个 EP 2002 阀通过制动总线连接,组成一个分布式的制动控制网络。每个阀都安装在受其控制的转向架附近。每个网关阀与 RIO 阀为 ATI 系统提供接口。网关阀还接受列车线信号以指示相应的操作模式和制动等级。每个网关阀向列车监控系统提供硬件指示。

智能阀由电子控制部分和气动执行部分组成。主要进行常用制动和紧急制动控制,同时还具有车轮防滑保护控制功能。

网关阀具备智能阀所有的功能,同时接收列车总线及 ATI 传输的制动指令进行制动力的计算和分配,并为 ATI 提供双 RS485 通信接口。

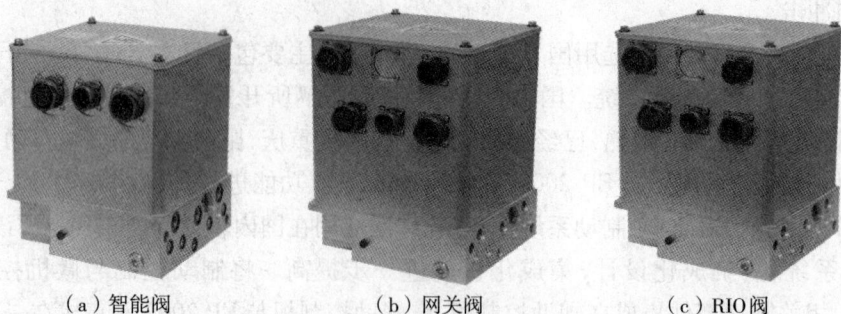

（a）智能阀　　　　　　（b）网关阀　　　　　　（c）RIO阀

图 5.1　制动控制系统的组成

RIO 阀具备智能阀所有的功能,同时具有 I/O 接口,可以为其他设备提供接口,但不进行制动控制计算分配且没有网络接口。

③基础制动装置。

基础制动采用踏面制动的形式。有两种踏面制动单元:一种带停放制动;另一种不带停放制动。每个转向架上有两个带停放制动的踏面制动单元。弹簧停放可通过手动进行缓解,手动缓解后的停放制动只有再进行一次停放制动操作后,功能才可恢复正常。

④车轮防滑装置。

防滑保护装置包括速度传感器、测速齿轮以及集成在 EP 2002 阀中的电子防滑保护装置。当系统发现滑行时,EP 2002 阀内部的连接阀动作,切断两个轴之间的气路连接,并通过 EP 2002 阀内部的一个遮断电磁阀和一个排风电磁阀调节每个轴的制动缸压力,以对正在滑动的车轮进行修正,实现防滑保护功能。

⑤空气悬挂装置。

空气悬挂装置包括空气弹簧风缸、空气弹簧、高度调整装置等,如图 5.2 所示。

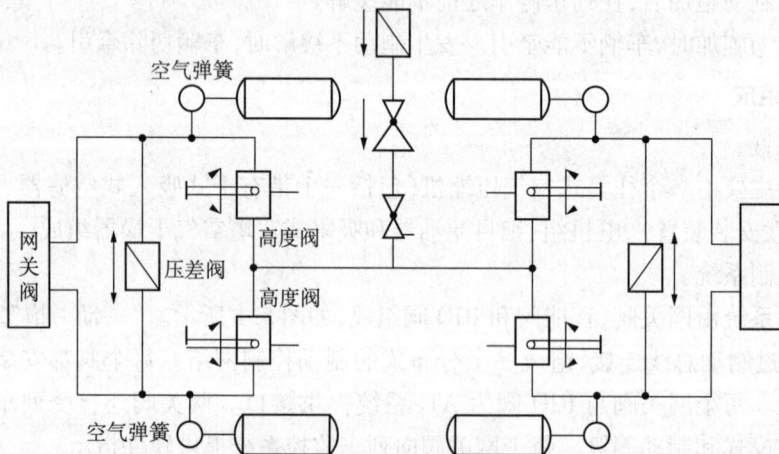

图 5.2　空气悬挂装置示意图

【任务实施】

在城轨车辆检修现场能识别 KNORR EP 2002 制动系统的各部件名称;掌握 KNORR EP

2002 制动系统部件的主要功能;掌握供风系统的原理;能够阐述制动控制系统的控制原理。

【效果评价】

评价表

项目名称	空气制动及供风系统常见故障处理	学生姓名	
任务名称	任务 1　空气制动及供风系统的组成及主要功能	分　　数	
项　　目		分　值	考核得分
1. 空气制动及供风系统的相关知识、图片的搜集、整理		10	
2. 是否有小组计划		5	
3. KNORR EP 2002 制动系统的结构组成掌握情况		20	
4. KNORR EP 2002 制动系统的控制原理掌握情况		25	
5. 其他制动系统的认知情况		25	
6. 编制学习汇报报告情况		10	
7. 基本素养考核情况		5	
教师简要评语: 　　　　　　　　　　　　　　　　　　　　教师签名:			

任务 2　空气制动及供风系统的常见故障及原因分析

【活动场景】在车辆检修车间现场讲解(或使用多媒体展示)城轨车辆空气制动及供风系统常见故障及原因分析。

【任务要求】掌握城轨车辆空气制动及供风系统常见故障及其故障的发生原因。

【知识准备】

城轨车辆具有 TMS 列车管理系统,对车辆的主要组成部分的运行状态进行监控和记录。当遇到制动故障时,首先在司机室 TMS 显示屏上查看故障信息,判断故障发生的位置、时间、故障等级,根据提示进行故障查找。有些故障是由于网络通信中断造成的,只要断电重新启动制动控制系统即可恢复。如果故障不是因为通信干扰或插头松动造成的,就需要下载制动故障数据进行深入分析。

制动系统常见故障可分为机械故障和电器故障,维修人员可根据制动故障分析软件的提示处理故障。其中机械故障有空压机故障、单元制动缸故障、各类阀体故障等。电器故障有EP 2002 阀故障、压力开关故障、电路连接故障等。

(1)制动系统常见的机械故障

1)空压机震动异常

空压机运行时,有时会听到机械碰撞的声音,这种异音可能是由于空压机的弹性悬挂装置失效或空压机运动部件缺少润滑造成的擦伤声音。

2)空压机油乳化

空压机润滑油产生乳化的原因主要是空压机内所有的支承点、活塞和汽缸均采用泼溅式润滑。在每一转中连接杆均被浸入油池一次,以此实现润滑。而汽缸中的气体含有部分水蒸气,在工作过程中水蒸气会在高速转动的曲轴作用下混入到机油中。当空压机停止工作后,随着缸内温度降低以及外界潮湿环境影响,润滑油就容易出现乳化现象。

空压机润滑油乳化将造成空压机润滑不良,使运动部件磨损加剧,导致活塞环密封失效,此时空压机油就可能泄漏。另外,由于乳化的机油含水量高,水分在汽缸中无法排除,易使汽缸及曲轴发生腐蚀,大大缩短空压机的使用寿命,出现空压机工作时发出不正常的噪声。

3)空压机进排油孔螺栓滑牙

在换空压机油初期,由于没有规定正确的扭力标准和使用恰当的拆装工具,造成空压机注排油孔螺堵滑牙。因此,需要更换滑牙的螺堵,同时优化工具,使用专用的拆装工具,可以避免螺栓滑牙的事件发生。

4)闸瓦破损/断裂

在实际运用中,闸瓦出现断裂、崩缺和掉块等现象。正常情况下,投入运营使用的闸瓦摩擦表面应平整、均匀。但在实际运用中,闸瓦因为本身材质问题或因为制力过大而出现断裂。若长时间使用,会进一步加剧断裂深度而崩缺或掉块。

5)管路/接头漏气

对于空气制动系统,一种常见的故障就是管路或接头处有漏气现象。其主要原因是密封橡胶件老化、断裂或安装不到位造成的密封不严而漏气。

6)空气橡胶软管磨损

由于空压机启动和工作时产生的震动,以及列车与线路冲击产生的震动,空压机组出风处或车辆连接的橡胶软管与其他部件可能接触,长期使用造成磨损,甚至漏风。因此,在检修过程中特别关注该部件,如图5.3所示。

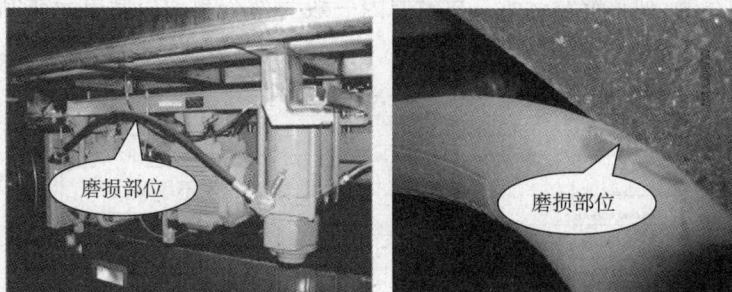

图 5.3　空气橡胶软管磨损

7）空气干燥单元的双塞阀故障

空气干燥单元的双塞阀常见故障表现为：TMS MMI 显示屏显示空压机故障（或空压机红闪），重启列车故障仍然存在，且列车总风压力表显示总风管压力长时间达不到 9 bar（停机压力），同时空气干燥单元干燥器工作时，排流口持续排气。其原因是由于流入的未干燥空气由于双塞阀的故障在流经双塞阀时，部分空气由排流口直接流出，造成持续排气的现象。最终检查发现双塞阀内部密封圈损坏所致。

（2）制动系统常见的电器故障

1）空压机状态无法正常显示

空压机能正常工作时，在司机室 TMS MMI 显示屏不显示其工作状态。空压机能够正常启动工作，表示其控制和执行电源回路没有问题，问题可能出在制动系统工作信号传输上。借助制动系统故障读取软件来进行分析，检查空压机运转信号是否已由制动控制装置发出，进而查找是 TMS 和制动控制装置之间是否出现传输问题。

2）压力开关失效

列车正常运营时，如发生压力开关失效将会导致清客、救援等情况，因此压力开关故障对运营影响很大，一般需要定期进行压力核对检查。压力开关根据使用环境的不同，设定了不同的压力上、下限值，通过内部微动开关的动作来实现压力信号转换为电信号。故障表现为到了规定的压力，压力开关触点不闭合、接触不良或闭合后不能正常断开的现象。经分析，主要是由于压力开关内部微动开关的触点严重氧化导致接触不良或触点电流过大烧结在一起导致的触点不能分断的情况。

3）单车制动不缓解

将司控器主控手柄置于牵引位后列车无牵引力、制动不缓解指示灯亮、TMS MMI 报"单车制动不缓解"，MMI 的 BC 压力显示某节车未缓解或降不到规定的压力值。在没有紧急制动作用且没有常用制动作用且没有 ATP 制动作用时，主控手柄置于牵引位，如果经过 5 s 后制动缸压力还未降至规定压力，制动电子控制单元就判断为发生了制动不缓解，向监控装置传送不缓解信号的同时，车侧缓解不良灯亮，列车牵引力被切除，如图 5.4 所示。制动控制单元 EBCU 读取的单车制动不缓解曲线图。

该故障主要发生在正线运营中，司机通过应急操作列车上的"强迫缓解"按钮，可以缓解由于制动不缓的车辆,列车继续运营。故障原因一般为列车制动控制单元或制动控制阀件故障引起。

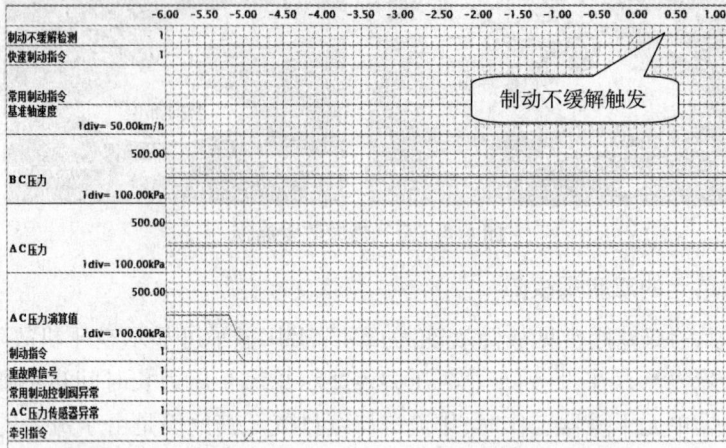

图 5.4　制动控制单元 EBCU 读取的单车制动不缓解信息

4)EBCU(电子制动控制单元)主故障

遇到 TMS 报 EBCU 主故障时,首先要翻看故障记录,确定发生的车号、时间、故障等级、频率以及是否恢复等信息。通过下载故障数据进一步分析,必要时更换制动控制单元。

5)列车紧急制动不缓解

列车以"故障安全"为原则进行系统设计。因此,紧急回路采用得电缓解,失电制动的形式。当紧急制动回路断开时,所有车辆的牵引将被封锁。紧急制动由空气制动系统根据车重独自承担,并且具有 0 速联锁功能,防止在紧急制动期间出现意外。触发紧急制动的主要原因有以下几个方面:

①触发司控器中的警惕装置。

②按下司机室控制台上的紧急制动按钮。

③列车脱钩。

④总风欠压。

⑤紧急制动电气列车线环路中断或失电。

⑥DC110V 控制电源失电。

⑦ATO(列车自动驾驶)系统发出紧急制动指令。

⑧ATP(列车自动保护)系统发出紧急制动指令。

⑨当列车运行时,如方向手柄拉至"0"位,则列车产生紧急制动。

6)防滑功能失效

常用的制动系统有两种方法进行防滑控制:一种是减速度检测;另一种是速度差检测的方式,其任一种方法检测到滑行时,制动系统都会实施防滑控制。列车防滑功能失效会造成滑行时轮对擦伤、损伤轨面等,一般是由于制动控制单元或防滑速度传感器故障导致。

【任务实施】

1. 对城轨车辆制动及供风系统的常见故障进行分类分析,能分析一般的故障原因。

2. 对制动系统常见的机械故障现象进行描述并分析原因。

3. 对制动系统常见的电器故障现象进行描述并分析原因。

【效果评价】

评价表

项目名称	空气制动及供风系统常见故障处理	学生姓名	
任务名称	任务 2　空气制动及供风系统的常见故障及原因分析	分　数	
项　目		分　值	考核得分
1. 空气制动及供风系统故障的相关知识、图片的搜集、整理		10	
2. 是否有小组计划		5	
3. 制动系统常见的机械故障现象认知情况		20	
4. 制动系统常见的电器故障现象认知情况		25	
5. 列车产生紧急制动的原因分析		25	
6. 编制学习汇报报告情况		10	
7. 基本素养考核情况		5	
教师简要评语:			
			教师签名:

任务 3　空气制动及供风系统常见故障的处理方法及预防措施

【活动场景】 在城轨车辆检修车间讲解(或使用多媒体展示)城轨车辆空气制动及供风系统常见故障处理方法及预防措施。

【任务要求】 掌握城轨车辆空气制动及供风系统常见故障处理方法及系统的检查要点。

【知识准备】

空气制动系统故障种类较多，影响程度较大，预防性检查工作很重要。为此，运营维修单位要特别重视，尤其对于频发故障、重大故障要彻底查清原因，制定对策，确保运营安全。

空气制动系统故障，制动电子控制单元会通过自诊断程序进行判断和记录，并将相关信息进行保存。故障名称会提示在监控显示屏上，司机或维修人员应按照提示进行操作。维修时要认真确认好车号和故障名称，再读取故障记录和运行记录，根据这些信息对故障原因进行分析，分析的结果用来综合判断和排除故障。目前，基本上采用对故障部件进行更换的方法对车辆进行恢复，故障的部件再进一步进行分解、检查、维修。

空压机油乳化变质，我们要采样化验，检查油质的成分，是否含有其他杂质。如所含水分过多，那么现换变质的油再观察。如果含有其他金属物质就要深入的分析了，检查是否压缩机缸体与活塞有磨损或者缸体清洁不干净所致，找到问题的根本原因进行解决。

下面就常见的空气制动系统漏风处理进行简单介绍。

空气制动系统漏风是常见、多发的问题。有些泄漏在安静的环境下可以听到，但微小的泄漏需要用工具来检测。一般是调配一些稀释的肥皂水，用毛刷蘸少许涂在各处管路螺纹连接处，一处一处排查找漏。找到漏点后，一是，紧固泄漏处管路螺纹连接处的螺母，再用肥皂水检查泄漏。二是，如仍出现泄漏，排完相近容器与管路中的压缩空气，松开螺纹连接，在螺纹前3～5个螺距部分涂上管螺纹密封胶（乐泰572），再行紧固，如泄漏现象消失，恢复各塞门。特别注意的是，在用肥皂水排查各管路连接处的同时，凡擦拭肥皂水处，检查完后，用干抹布擦净肥皂水残留液。

为了减少和预防车辆制动故障，一般采取以下措施：

①加强车辆制动系统的日常检查，在车辆上线运营前需要进行相关的制动功能进行试验，确认制动塞门位置是否正确。

②对出现故障的车辆调取故障记录，结合车辆运行记录进行分析，对可能存在故障隐患的部件进行相关检测，找出故障原因，防止故障扩大。

③对大修程车辆（架、大修）的制动系统进行全面检测，包括对含有橡胶件的阀体类部件进行分解检修，更换其内部橡胶件。组装后，在单阀试验台进行试验，对其参数进行调整，试验合格后才能装车。对 BECU 等电子部件在试验台上对其相关性能进行检测，必要时参照其使用说明书调整参数。对于总风欠压开关、空压机启动开关等压力开关在试验台上对其参数进行校对、调整。各部件装车后，要对每节车辆进行单车试验，检测其综合性能。对整组列车进行综合性能测试。在试车线进行制动距离、制动减速度等相关功能进行试验，必要时在正线和信号系统进行综合测试。

④日常检查对制动部件进行有重点针对性的检查，检查要点如下：

A.空压机的检查要点。

a.空压机各紧固件无松动。

b.吊挂装置状态良好，减震橡胶无龟裂，钢丝绳良好，安全阀铅封无破损。

c.润滑油无变质，油位正常。

d. 运转时无异音,无漏油、漏气,各部温度正常。

e. 清洁空气滤清器,并检查安装状态是否良好,清洁汽缸冷却器和散热片。

B. 风管及各塞门的检查要点。

a. 清除风缸及主过滤器中的油水,手动排水装置作用良好。

b. 金属软件无磨损、鼓包、起层和漏泄。

c. 制动缸缓解塞门及其他管路塞门无漏泄,塞门开、关正确。

C. 制动控制辅助板的检查要点。

a. 外观清洁,安装状态无异常,箱盖无变形、操作,锁闭良好。

b. 箱体内各阀体安装、接线可靠,运作良好、无漏泄。

D. 制动控制装置 EP 2002 检查要点。

a. 外观清洁,安装状态无异常,各接头及阀体无漏泄。

b. 阀体后部插头、插座连接良好。

E. 防滑速度传感器检查要点。

防滑速度传感器安装良好。

F. 基础制动装置。

a. 闸瓦无缺陷,磨损未超限,开口销安装良好。

b. 在制动系统实施制动、缓解时,基础制动实施正常。

c. 制动缸安装良好,无漏泄。

d. 检查闸瓦与车轮踏面间的间隙。正常间隙为 10 ~ 12 mm。

e. 在实施停放制动,手动缓解拉链实施正常。

G. 定期对过滤装置进行清洁。如图 5.5 所示,过滤器实物图。

H. 常用及紧急制动时各级制动压力符合要求(可通过监控装置的制动试验程序进行检测);安全阀、总风压力开关、调压器参数值正确。

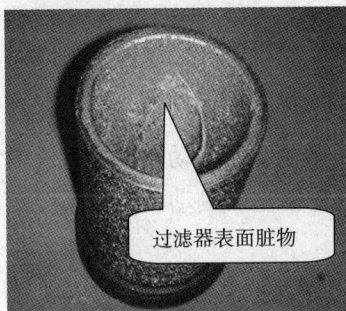

过滤器表面脏物

图 5.5 过滤器实物图

【任务实施】

1. 在车辆检修生产现场能够对管路漏风的现象进行检查并处理;

2. 在车辆检修生产现场能够按要点项目对空压机、制动装置进行检查。

【效果评价】

评价表

项目名称	空气制动及供风系统常见故障处理		学生姓名	
任务名称	任务3　空气制动及供风系统常见故障的处理方法及预防措施		分　数	
项　目			分　值	考核得分
1.空气制动及供风系统故障处理相关知识、图片的搜集、整理			10	
2.是否有小组计划			5	
3.制动系统常见的漏风检查及处理的掌握情况			25	
4.制动系统常见故障的预防措施的认知情况			25	
5.基础制动装置的检查要点的掌握情况			20	
6.编制学习汇报报告情况			10	
7.基本素养考核情况			5	
教师简要评语：				
			教师签名：	

项目小结

通过本章学习,掌握轨道交通车辆空气制动及供风系统的结构及部件功能;掌握空气制动及供风系统常见故障和发生原因;掌握空气制动及供风系统常见故障处理方法及预防措施,能够简述制动装置的检查要点等。

思考与练习

1.举例说明轨道交通车辆空气制动及供风系统常见的故障现象,并提出对该故障的处理措施。

2.说明风压漏泄的处理方法。

项目6　空调及电热系统常见故障处理

【项目描述】该项目主要介绍轨道交通车辆的空调及电热系统结构及功能；空调及电热系统的常见故障现象和原因分析；空调及电热系统的常见故障的处理方法及预防措施等。

【学习目标】学习掌握轨道交通车辆空调及电热系统结构及各部分功能；掌握空调及电热系统的常见故障现象和发生原因；掌握空调及电热系统的常见故障的处理方法及日常的预防措施和检查要点等。

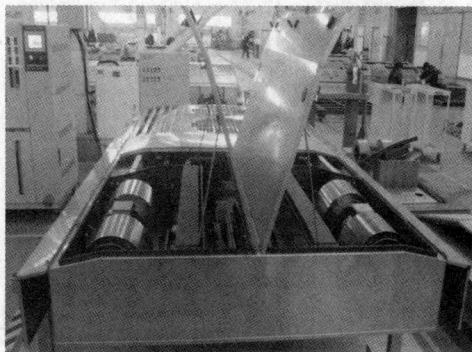

【技能目标】掌握轨道交通车辆的空调及电热系统结构；能识别空调及电热系统的故障，并对故障原因进行分析；掌握空调及电热系统常见故障的处理方法及预防措施。

任务1　空调及电热系统的组成及主要功能

【活动场景】在城轨车辆检修现场讲解（或使用多媒体展示）城轨车辆空调及电热系统的结构组成及主要功能。

【任务要求】掌握城轨车辆空调及电热系统的组成及主要功能。

【知识准备】

随着我国经济的快速发展，人们生活质量的逐步提高，出门旅行的人数越来越多，人们对乘坐交通工具的舒适性要求也越来越高，为了满足广大旅客的需要，无论是长途旅客列车，还是近程的交通车辆，都把车辆客室的空调作为提高旅客舒适度、改善乘车环境的主要手段。目前，空调与制冷装置被广泛应用于城轨车辆上，车辆客室内的空气调节已成为车辆舒适乘车环境的标志。

(1)城轨车辆空调及电热系统组成

1)电热系统

电采暖装置主要通过对流换热来加热客室内的空气，一般将电热装置安装在客室座椅下面，如图6.1所示。当电热器接通电源后电热管开始放出热量，将周围的空气加热。由于电热器罩只有一面通向客室，因此被加热的冷空气通过电热器罩表面的穿孔板流向客室。热空气比重小,气流由下向上运动,形成自然对流,进行热交换,达到将乘客区的空气加热到适当的温度以满足舒适性的要求。因此,电热器罩板下部温度低而上部温度高。

2)空调系统

一般客室空调机组为单元式结构,安装在车顶两端,如图6.2所示。新风通过空调机组自带的新风口吸入,与客室内回风混合后,经空调机组蒸发器冷却进入客室。空调机组处理后的空气经风道送到客室、司机室。

图6.1 客室电热装置

图6.2 车顶空调装置

3)幅流风机

幅流风机在电机的带动下,除了叶轮转动外,蜗壳做70°范围内摆动,如图6.3所示。幅流风机工作后,通过幅流格栅,可提高客室内的气流速度,改变气流的流动方向,使客室内的温度、相对湿度均匀分布,达到改变乘客的"体感温度",提高舒适性的目的。

图6.3 幅流风机

4)空调控制系统

由微机控制自动调节,保证客室的温度在规定设定的范围,同时起到自动保护空调设备的作用。一般由设备的控制器、保护元件及相关仪表和电路等组成。目前,大多数城轨地铁采用电脑智能化的控制方式,车内温度随环境温度变化而变化。采用 UIC 的标准,通过软件进行计算来获得最舒适的温度值,由微机控制自动调节,司机不需要设定温度。

(2)**空调系统的工作原理及组成**

空调用蒸气压缩式制冷系统的原理如图6.4所示:它主要由压缩机、冷凝器、膨胀阀、蒸发器等部件组成,并用管道将其各部件连成一个封闭的系统。液态制冷剂通过制冷系统回路的不断循环产生,并在蒸发器内蒸发,制冷剂在蒸发器内与被冷却空气发生热量交换,吸收被冷却空气的热量并汽化成蒸气,压缩机不断地将产生的蒸气从蒸发器中抽走,并压缩制冷剂,使其在高压下被排出;经压缩后的高温、高压蒸气在冷凝器内被周围的空气冷却,凝结成高压液体;利用热力膨胀阀使高压液体节流,节流后的低压、低温蒸气进入蒸发器,再次汽化,吸收被冷却空气的热量,如此周而复始。

图 6.4　空调系统的工作原理

空调系统主要部件及作用:

1)制冷压缩机

制冷压缩机的作用是将来自蒸发器的低温、低压气态制冷剂压缩成高温、高压的气体。空调机组的制冷压缩机主要有活塞式、螺杆式和涡旋式 3 种。普通厚度空调可采用涡旋式压缩机或活塞式压缩机。活塞式压缩机是比较常用的压缩机,价格比较便宜。薄型空调可采用全封闭涡旋式或螺杆式压缩机。全封闭涡旋式压缩机是当前最先进的制冷压缩机,如图 6.5 所示。在抗震动、抗液机以及频繁启停等方面具有优异的性能,特别适合于冲击和震动大的运输工具上。

图 6.5　卧式全封闭涡旋式压缩机

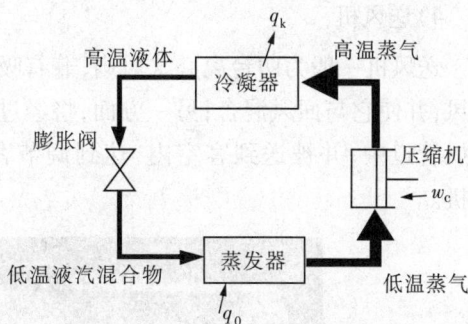

图 6.6　冷凝风机

2)冷凝器和冷凝风机

冷凝器为主要热交换设备,高压、过热的制冷剂蒸气在冷凝器中放出热量后,凝结成饱和液体或过冷液体。

车辆用空调装置采用的是空气冷却式冷凝器,制冷剂在管内冷凝,空气在管外流动,制冷剂放出的热量被空气带走。检修过程中需定期清扫和清洗冷凝器,其目的是增强换热器的传热系数,提高制冷剂和管壁间的换热系数,保证机组的正常运行和设计的制冷量。

为了增强换热时的空气流动循环,空调机组采用强迫通风的对流冷却,并通过两台轴流式风机来强化制冷剂在冷凝器中的凝结放热过程,如图 6.6 所示为冷凝风机。

3)蒸发器

制冷剂在蒸发器内吸热汽化,制冷剂在蒸发器内由液态变成气态,制冷剂在蒸发器内为汽化吸热过程。在蒸发器中,来自膨胀阀出口处的制冷剂,通过分配器从管子的一端进入蒸发器,吸热汽化,并在到达另一端时让制冷剂全部汽化,从而吸收管外被冷却空气的热量,空气的热量被蒸发器内的制冷剂吸收后温度降低,达到冷却空气的目的。

4）送风机

送风机一般为两台离心式风扇,兼有吸风和送风的双重功能。一方面,通过新风格栅吸入新风,并使它与回风混合;另一方面,将经过蒸发器冷却、减湿后的空气通过风机输送到客室的送风管道中,并被送到客室内,达到调节客室温度、湿度的目的,如图6.7所示为离心式通风机。

图6.7 离心式通风机

5）热力膨胀阀

膨胀机构位于冷凝器之后,它使从冷凝器来的高压制冷剂液体在流经膨胀机构后,压力被降低而进入蒸发器,它除了起节流作用外,还起调节进入蒸发器制冷剂流量的作用。通过膨胀机构的调节,使制冷剂离开蒸发器时有一定的过热度,避免制冷剂液体进入压缩机。

6）阀件

每台空调机组用的阀主要包括:压缩机的卸载阀、制冷管路上的液管电磁阀和手动截止阀、控制压缩空气风缸的组合电磁阀。

7）贮液器

用于贮存由冷凝器来的高压液体制冷剂,以适应工况变化时制冷系统中所需制冷剂量的变化,并减少每年补充制冷剂次数。在贮液器的中部设有一个可视液面的浮球,机组运行到稳定状态后,若制冷剂充足则视镜中的小球应上浮。

8）干燥过滤器

由于制冷系统在充灌制冷剂前难以做到绝对干燥,总含有少量的水汽。当制冷循环系统中存在水分时,一旦蒸发温度低于0 ℃,就会在节流机构中产生冰堵,影响系统的正常运行。

干燥过滤器中的干燥剂用来吸收制冷循环系统中的水分,过滤器用来清除系统中的一些机械杂质,如金属屑和氧化皮等,避免系统中出现的"冰堵"和"脏堵"。

9）流量/湿度指示器

用来显示系统运行时制冷剂量和流动情况,而示镜中心部位的圆芯则用来指示制冷剂的含水量。当圆芯纸遇到不同含水量的制冷剂时,其水化合物能显示不同的颜色,从而根据纸芯的颜色来判断含水的程度。纸芯的颜色变化可显示出制冷剂的含水量情况:正常、警示、超标,当纸芯的颜色为紫色时表明正常,当纸芯颜色开始偏红就说明系统中制冷剂的含水量已到了需加强跟踪的警示位置,一旦纸芯颜色为粉红色就必须尽快更换干燥过滤器。

检修中,在制冷系统运行情况下,若流量指示器中有气泡出现,则必须确认管路是否有堵塞的问题,否则说明制冷剂量不足,须及时补加制冷剂,不然容易导致系统因低压问题出现的故障。

10)压力开关

压力开关有高压压力开关和低压压力开关两种,如图6.8所示。当制冷系统的压力异常高时,高压压力开关动作,使压缩机停止运行,避免意外事故的发生和设备的损坏。

11)温度传感器

空调系统分别在客室、新风入口、送风管道处设有温度传感器,用于监测客室温度、环境温度和已处理空气的温度,通过对温度采样值的判断来控制空调机组的运行模式。

图6.8 压力开关

(3)**空调系统的通风流程**

空调系统的通风流程如图6.9所示。

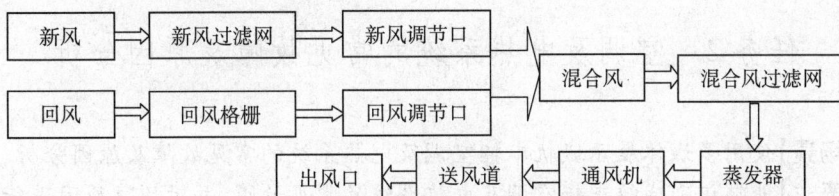

```
┌──────┐   ┌──────────┐   ┌──────────┐
│ 新风 │→ │ 新风过滤网 │→ │ 新风调节口 │──┐
└──────┘   └──────────┘   └──────────┘  │ ┌──────┐   ┌──────────┐
                                          ├→│ 混合风 │→ │ 混合风过滤网 │
┌──────┐   ┌──────────┐   ┌──────────┐  │ └──────┘   └──────────┘
│ 回风 │→ │ 回风格栅 │→ │ 回风调节口 │──┘                  │
└──────┘   └──────────┘   └──────────┘                    ↓
┌──────┐   ┌──────────┐   ┌──────────┐   ┌──────────┐
│ 出风口 │← │ 送风道 │← │ 通风机 │← │ 蒸发器 │
└──────┘   └──────────┘   └──────────┘   └──────────┘
```

图6.9 空调系统的通风流程图

【任务实施】

1.在检修生产现场能够识别空调装置的主要部件名称。

2.对空调装置的主要部件说明其功能作用。

3.能够描述空调系统的通风流程。

【效果评价】

评价表

项目名称	空调及电热系统常见故障处理		学生姓名	
任务名称	任务1 空调及电热系统的组成及主要功能		分 数	
项 目			分 值	考核得分
1.城轨车辆空调装置相关知识、图片的搜集、整理			10	
2.是否有小组计划			5	
3.空调系统制冷原理的认知情况			25	
4.空调装置组成的认知情况			25	

续表

项　　目	分　值	考核得分
5.空调系统通风流程的认知情况	20	
6.编制学习汇报报告情况	10	
7.基本素养考核情况	5	
教师简要评语：		
		教师签名：

任务2　空调及电热系统的常见故障及原因分析

【活动场景】使用多媒体展示城轨车辆空调及电热系统的常见故障及原因分析。

【任务要求】能够识别城轨车辆空调及电热系统的常见故障,并对故障原因进行分析。

【知识准备】

电热故障主要分为:电热管故障、电热保险故障、继电器故障等;空调故障主要分为:主回路故障、控制回路故障和器件故障;幅流风机故障主要分为:控制电路故障、器件故障等。

（1）电热装置常见故障

电热器发生故障分为电热器组成故障、控制回路故障、保险及继电器故障。发生故障时,根据相应的故障现象进行排查处理,见表6.1。

表6.1　电热装置常见故障及原因一览表

故　　障	故障原因	检查处理方法
电热器表面温度过低	电热管表面灰尘多	清洁电热管
全列车厢无电热	检查相关保险、电热控制开关	闭合保险或检查相关部件及电路是否正常,如损坏更换相应的电子元件
单节车厢无电热	检查单车控制电路	闭合保险或检查相关部件及电路是否正常
单个电热器不热	个体故障	检查单个电热器接线是否正常;确认电热器状态

（2）幅流风机常见故障

幅流风机常见的故障有异响、不转等问题，见表6.2。

表6.2 幅流风机常见故障及原因一览表

故　障	故障原因	检查处理方法
噪声大、异响	轴承磨损或叶片变形等	更换风机
风机不转	电路接线故障或风机故障	检查接线或更换电机

（3）**空调系统常见故障**

空调机组常见的故障大致可以分为3类：一类是制冷系统故障；一类是电气控制系统故障；另一类则为机组机械故障。

1）制冷系统故障

制冷系统中制冷剂泄漏是最常见的故障，其泄漏部位主要发生在管路的焊接处、压缩机吸排气口的连接处、压力开关的引接处等，由于管路焊接不良或车辆运行中冲击、震动造成连接螺钉松动或连接部位多次震动后出现裂纹原因均可引起系统泄漏。制冷剂的泄漏点不同，其泄漏程度也不尽相同。较轻微的泄漏可引起制冷量不足，低压压力过低而压力开关保护动作，蒸发器吸热不足等现象，严重的泄漏可造成机组制冷不良。在制冷剂已漏光，系统中混入空气，压缩机继续运转将最终导致压缩机因过热而被烧毁。

压缩机低压压力过低可能的原因有：制冷系统有泄漏；制冷剂不足；膨胀阀等低压处开启不足；外界温度过低；蒸发器入口有堵塞。

制冷系统中真正导致压力过高的最大可能是系统中混入了空气。空气可能是在机组低压部分压力偏低时被压缩机吸入，或者是在维修中因操作不当而使空气混入到系统中。由于空气是不凝性气体，它在系统中的存在将直接产生如下不良后果。如造成压缩机负荷增大，且温升异常，电机过热或烧损；冷凝压力上升，制冷量下降；高压压力开关动作，系统无法正常运行。一旦发现有空气混入系统中，必须立即加以处理。导致压缩机高压过高的原因还包括：外界温度过高；冷凝器入口或出口有堵塞；冷凝器脏；制冷剂过多；冷凝风机不工作或工作异常。

2）电气故障

通常电气控制方面出现的故障，可根据控制系统读出的故障代号，结合电路控制图的控制逻辑进行查找。但有时某些故障现象可能不太明显，难以直观地判断出故障发生的原因，因此可以借助PTU，通过控制器和PTU之间的通信连接，借助故障分析软件，根据记录故障发生过程中的数据来分析信号之间的逻辑关系，从而判断故障真正的原因。

电气系统故障主要包括以下4种：

①短路故障。

短路故障主要是电气设备的绝缘因老化、变质、机械损坏或过电压击穿原因被破坏而导致出现的故障。

②缺相故障。

城轨车辆空调的压缩机、送风机和冷凝风机一般都采用380 V交流电源供电,由于接线松脱或其他人为原因,导致三相有一相缺相的故障,大多数都设有缺相保护继电器用来保护设备。

③反相故障。

当压缩机、送风机和冷凝风机的三相连接的顺序错误时将导致反相故障,此时压缩机、送风机、冷凝风机反向运转,压缩机反向运转时噪声较大,且很快导致压缩机烧损,送风机、冷凝风机反转时进风和出风方向刚好颠倒。

④继电器故障。

控制空调机组各部件启停的继电器,由于老化或其他原因,则会出现继电器卡滞或不能动作的故障。

3)机组机械故障

在车辆运行过程中,空调机组出风口漏水是常见的问题之一,时常会导致乘客投诉和影响司机驾驶操作。主要出现在空调机组底部附近客室内顶棚、灯具处漏水。其原因主要体现在以下4个方面:

①空调机组蒸发器底部接水盘的排水孔出现脏堵,冷凝水通过排水孔外流动的阻力增加,接水盘水位升高,通风机将冷凝水吸入到风道,造成漏水。

②排水管路堵塞,蒸发腔的冷凝水就排水困难,水位升高,冷凝水流到通风机腔,在通风机的作用下吹进风道,造成漏水。

③新风干球温度较高,相对湿度较大,新风口开度过大,空调出风进入过饱和状态,导致出风口滴水。

④空调机组隔板密封胶缺涂或出现老化剥离时,蒸发腔的冷凝水通过其中的缝隙流到通风机腔,在通风机的作用下吹进风道,造成漏水。

空调机组漏水问题需要设计厂家不断地改善机组的结构设计,运用单位加强空调机组的定检检验和维护,消除运用中出现的漏水问题,进一步提高旅客的舒适性。

空调机组冷凝器、蒸发器铝翅片变形是常见的现象,如图6.10所示,一般属人为作业时工具碰撞所致。虽然对制冷系统不会造成影响,但变形面积大会影响系统与外界热交换,可使用翅片校正工具来修复。

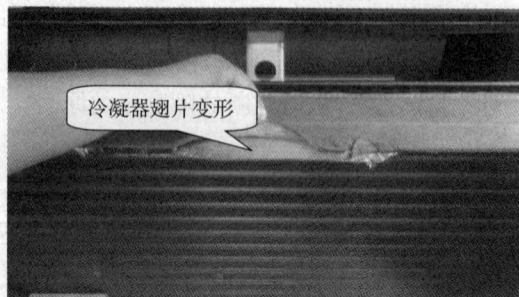

冷凝器翅片变形

图6.10 冷凝器翅片变形

空调机组在运用中一般还存在下列常见故障现象,见表6.3。

表6.3　空调机组常见故障

故障内容	故障的原因	故障的判断方法
机组不出风	离心风机的配线方面或配线连接处螺丝松弛	查看电路接通情况
	电动机烧损或断线	测线圈电阻
	控制线路及电器故障	检查电路及电器元件
机组出风量小	(1)风机电机反转	检查风机转向
	(2)空气过滤网堵塞	检查过滤网
	(3)蒸发器结霜或冰	检查(目视)
	(4)蒸发器散热片脏堵	检查(目视)
	(5)风道等处泄漏	检查
	(6)风机叶片积垢	检查
不冷	(1)压缩机电机不转 ①电机断线、烧损 ②高压压力开关动作 ③低压压力开关动作 ④配线端子安装螺丝松弛 ⑤空调控制箱电器件不良 ⑥过、欠压继电器动作 ⑦接触器、中间继电器线圈烧毁或触头故障 ⑧压缩机故障 ⑨轴流风机电机的热继电器动作	测定线圈电阻(20 ℃),各线间约1.54 Ω 检查 查看接通情况 检查电气件 电源电压过高或过低 检查压缩机 检查电机电流
	(2)压缩机反转	①压缩机电流小于额定值 ②压缩机反转时噪声较高
	(3)压缩机运转 ①制冷剂泄漏 ②电磁阀误动作或损坏	①室内吸入和排出空气温度相同 ②蒸发器回气管温度过高 ③压缩机电流小 ④检查电磁阀动作是否正确 ⑤检查电磁阀线圈
组震动噪声大	(1)通风机电机球轴承异常 (2)通风机不平衡 (3)紧固部位松弛	检查风机的平衡性及机组的紧固情况

【任务实施】

1. 在车辆检修现场能够对电热管的故障进行处理,更换电热管。

2. 在车辆检修生产现场能够对空调电器故障进行处理,更换开关或继电器等;

3. 在车辆检修生产现场能够对空调的机械故障进行处理,对散热片变形进行调整。

【效果评价】

评价表

项目名称	空调及电热系统常见故障处理		学生姓名	
任务名称	任务2 空调及电热系统的常见故障及原因分析		分　数	
项目			分　值	考核得分
1.城轨车辆空调装置常见故障的知识、图片的搜集、整理			10	
2.是否有小组计划			5	
3.电热装置常见故障的认知情况			20	
4.空调装置电器故障的认知情况			25	
5.空调系统机械故障的认知情况			25	
6.编制学习汇报报告情况			10	
7.基本素养考核情况			5	
教师简要评语：				
			教师签名：	

任务3　空调及电热系统常见故障的处理方法及预防措施

【活动场景】使用多媒体展示城轨车辆空调及电热系统常见故障的处理方法及预防措施。

【任务要求】掌握城轨车辆空调及电热系统的常见故障的处理方法和部件检查要点。

【知识准备】

空调控制系统出现故障时会向列车监控系统报故障,检修或司机可先查看车辆TMS,检查是哪节车辆发生故障,同时查看故障履历,检查是否曾经发生过同样故障。并通过故障代码和故障现象诊断并及时作出相应处理。

客室幅流风机出现故障需要检查机械部分是否有刮蹭,电源控制系统是否存在故障,电机是否有烧焦味。

电热装置故障主要检查控制电源及电热管的接线是否良好。

下面主要讲述空调制冷剂的检漏方法及加注方法。

（1）制冷剂的检漏方法

制冷剂的检漏一般采用外观检查、泡沫检漏、电子检漏仪和测工作电流4种方法。

1）外观检查

由于制冷剂泄漏会渗出冷冻油，一旦发现管路某处有油迹的话，可用白布擦拭或用手直接触摸检查，并作进一步确认。

2）泡沫检漏

这是一种简便的方法，用混有清洁剂的水涂在预计可能发生泄漏的被检处，若该处有泄漏的话，将会出现气泡，从而可以确定出确切的泄漏发生位置。

3）电子检漏仪

用电子检漏仪接近被检处，一旦检漏仪测到有泄漏现象，将发出异常的声音予以提示，此时应擦拭干净触头，在怀疑处再次测试确认，如图6.11所示。

图6.11　电子检漏仪检漏

4）测工作电流

压缩机正常工作电流应接近于额定电流，如果电流过大，则表明制冷剂加多了；反之，电流过小，则制冷剂不够。这要求在系统和电路正常的情况下进行测试。

（2）制冷剂加注方法

制冷剂加注一般都是采用低压加注和静态加注两种方法。

1）低压加注

启动空调机组制冷运行（通过应用软件强行启动制冷运行），从压缩机低压处加注，观察加注后的压力到正常工作范围值（不同类型的制冷剂，该范围值均不同）。当加到压缩机低压处的压力达到范围值即停止，再观察空调的制冷效果。如果空调制冷效果良好，测试高压压力，其工作压力不能超过高压范围。

2）静态加注

停止空调机组运行，从加注口片加注制冷剂，当系统压力达到相应要求时为合适，再让空调运行制冷30 min，然后再作仔细检查。

（3）制冷剂加注注意事项

空调机组加注制冷剂时应注意：加注时一定要缓慢注入，加注一定量后让空调运行10 min左右，再测压力和电流，不够时再分次加注，不能以运行前的压力和电流作为标准，那样的话，很可能已经加多了。冬天，加制冷剂时，可以人为地使室内温度传感器达到能够制冷的温度从而使空调制冷运行或通过相关软件强行使空调制冷运行。

空调及电热系统检修的关键部件及注意事项：

1）电热系统

电热管上的灰尘和其他污染物能够使电热管发热效果下降，严重影响电加热器的性能。检查、维修间隔取决于环境空气的污染程度和系统的运行时间，一般检修周期为一年。清洁电热管的方法如下：

①打开电热器罩壳，用软毛刷轻轻刷掉电热器表面灰尘。

②用真空吸尘器吸掉刷下来的灰尘。

2）幅流风机

风机长时间运转，会在叶轮、集风器表面积污垢，如不及时清扫，会对叶轮的动平衡产生影响，风机运转时会产生震动，异常音响。当积少量灰尘时，可用软毛刷清扫，可在钢结构上进行，不必拆卸，若灰尘较多时，应把产品拆卸下来，卸下叶轮、集风器，以免产生扭曲变形，产生震动异常音响，影响设备运行。平时要检查风机运转是否灵活，有无异音现象，否则更换轴承，检查橡胶件是否老化等。

3）空调系统

①冷凝器。冷凝器的散热片上落上灰尘异物时会影响换热效率，使高压侧的压力升高，所以需进行定期检查、清扫或清洗。清扫时，把压缩空气按运转时的反方向吹入肋片间隙或从脏物附着多的一侧用吸尘器进行吸尘。特别脏时，应使用专用洗涤剂进行清洗。

②蒸发器。蒸发器弄脏，会使室内通风机风量减小，冷量不足，甚至会导致蒸发器表面的凝结水被通风机吹入风道内，并通过出风口滴入车内，所以视灰尘的附着情况应定期清扫或清洗。清扫时，从脏物附着多的一侧用吸尘器进行吸尘。特别脏时或存在油污时，应使用专用洗涤剂进行清洗。

③排水系统。定期检查、清洗排水口，并疏通排水管，使之不被垃圾或异物等堵塞。

④前盖板门锁检查。定期检查前盖板门锁，当锁舌出现细小裂纹时必须进行更换。定期检查前盖板，前盖板原则上不允许踩踏，当前盖板出现变形，或当前盖板门锁锁紧后前盖板出现松动时，查明原因，及时进行维修或更换门锁。

⑤冷凝风机。运转时，发现有异常声音；震动时，需更换轴承或电机。

⑥通风机。可用软毛刷刷洗附着在叶片内侧的灰尘（注意不要使叶片变形）。运转时，发现有异常声音；震动时，请更换球轴承。

⑦隔热材料检查。目测蒸发器室中隔热材料是否老化：如发现隔热材料表面有明显裂痕、明显损伤、与箱体黏结处有开胶现象，须除去老化或损坏部分，换粘新的相应隔热材料。

⑧减震器检查。减震器不需特殊维护，如损坏或失效，应予以更换。当目测减震器表面有明显的裂纹或空调机组或压缩机有异常的震动和噪声。

⑨紧固件检查（压缩机、风机、电加热器和终端的螺栓）。通过查看螺栓防松标记或以锤轻击来检查各元件（如压缩机、风机、电加热器、电气元件终端等）的安装螺栓是否松动。

⑩电气连接检查。确认电线端头连接及其紧固螺栓连接牢固、可靠。

⑪新风滤尘网。新风滤尘网落上灰尘使新鲜空气量减少,需定时清洗。清洗方法如下:

a.拆下新风滤尘网;

b.用肥皂水清洗;

c.用清水洗净;

d.晾干;

e.重新安装于机组上。

新风滤尘网采用无纺布滤料,一般清洗1~2次后需更换新滤料。清洁、更换新风滤尘网的时间间隔取决于其变脏程度,无论如何,不得少于1次/2周。尤其对于新线路,应至少一周清洗一次。

⑫回风滤尘网的清洗。蒸发器前滤尘网上灰尘过多,会使室内侧通风量减少,制冷量降低,应定期清洗。清洗方法如下:

a.拆下回风滤尘网;

b.用肥皂水冲洗;

c.用清水冲洗;

d.晾干;

e.重新安装于机组上。

清洁回风滤尘网的时间间隔取决于其变污程度,任何情况下,不得少于1次/2周。尤其对于新线路,应至少一周清洗一次。

⑬空调盖板的检查,如图6.12所示。

（a）门锁开启的状态　（b）门锁关闭的状态　（c）二级锁开启的状态　（d）二级锁关闭的状态

图6.12　空调盖板的检查

任何操作及维护后应将盖板固定好,后盖板使用螺栓拧紧,前盖板上的门锁必须锁紧,并插上二级防护装置,否则可能出现安全事故。另外,二级防护装置只能作为门锁锁紧后的防护,不能代替门锁的锁闭功能。

扣盖时请注意检查前盖板门锁,当锁舌出现细小裂纹时必须进行更换;检修时不要踩踏冷凝进风口附近盖板。

【任务实施】

1.在车辆检修现场使用电子检漏仪对空调系统进行检漏作业。

2.在车辆检修现场进行客室幅流风机的更换作业。

3.在车辆检修生产现场进行空调滤网的更换及清洗作业。

【效果评价】

评价表

项目名称	空调及电热系统常见故障处理	学生姓名	
任务名称	任务3　空调及电热系统常见故障的处理方法及预防措施	分　数	
项　目		分　值	考核得分
1.城轨车辆空调装置故障处理方法的知识、图片的搜集、整理		10	
2.是否有小组计划		5	
3.空调装置制冷剂泄漏检查的认知情况		25	
4.客室幅流风机检查的要点掌握情况		25	
5.空调机组盖板的检查要点掌握情况		20	
6.编制学习汇报报告情况		10	
7.基本素养考核情况		5	
教师简要评语： 　　　　　　　　　　　　　　　　　　　　　　　教师签名：			

项目小结

通过本章学习,掌握轨道交通车辆空调及电热系统的结构及部件功能;掌握空调及电热系统常见故障和发生原因;掌握空调及电热系统常见故障处理方法及预防措施等。

思考与练习

1.举例说明轨道交通车辆空调及电热系统常见的故障现象,并提出对该故障的处理措施。

2.说明空调制冷剂泄漏的检查及处理方法。

项目 7　牵引系统常见故障处理

【项目描述】本项目主要以日立公司的产品为例介绍轨道交通车辆牵引系统结构及功能；牵引系统的常见故障现象和原因分析；牵引系统的常见故障的处理方法及预防措施等。

【学习目标】学习掌握轨道交通车辆牵引系统结构及各部分功能；掌握受电弓、牵引逆变器常见故障现象和发生原因；掌握受电弓、牵引逆变器常见故障的处理方法及预防措施等。

【技能目标】能够识别轨道交通车辆牵引系统的结构组成；掌握受电弓、牵引逆变器的故障现象和原因分析；掌握受电弓、牵引逆变器常见故障的处理方法及预防措施。

任务 1　牵引系统的组成及工作原理

【活动场景】在城轨车辆检修现场讲解（或使用多媒体展示）牵引系统的结构组成。

【任务要求】能够识别城轨车辆牵引系统的结构和掌握牵引主电路的工作原理。

【知识准备】

我国早期的城轨列车多为国产直流传动电动车组，采用凸轮调阻或斩波调阻的牵引控制方式，牵引电机为直流电机。而近几年建设的地铁项目均采用了进口交流传动电动车组，牵引控制方式为 VVVF（Variable Voltage Variable Frequency）逆变器控制，牵引电机为异步电机。与直流传动系统相比，交流传动系统具有恒功速度范围宽、功率因数和黏着系数高、牵引电机结构简单和维修方便等优势。省去了直流传动所需的正反向转换开关和牵引制动转换开关，实现了牵引系统的小型化、轻量化，且维修作业量显著减少，节电效果显著。因此，VVVF 交流传动系统已成为地铁车辆发展的趋势。

交流传动系统是以调压调频 VVVF 逆变器为核心的电传动系统。主要由高速断路器、滤波电抗器、VVVF 逆变器和异步电动机等装置构成。地铁车辆交流传动系统的组成因生产厂家的不同及用户要求的不同而不相同，如国外的庞巴迪、阿尔斯通、日立、三菱、东芝等，近几年国内株洲和四方研究所已成功研制成国产的牵引系统，已在国内地铁应用。这里以日本日立公司生产的调频调压(VVVF)控制的交流传动系统六节编组的三动三拖(Tc+Mp+M+T+Mp+Tc)电客车为例,简要探讨交流传动系统的组成和基本工作原理。

城轨车辆牵引系统是车辆的核心部分,是列车动力的来源。牵引系统为列车提供牵引动力,同时在制动时提供电制动力。日立公司生产的调频调压(VVVF)控制的交流传动系统,采用先进的无速度传感器的矢量控制方式。具有如下特点:

①列车控制采用总线控制+后备列车导线方式,当总线网络故障时,列车有基本的牵引和制动功能。

②VVVF 逆变器的功率元件采用大功率电力电子器件 IGBT。

③系统具有优异的空转/滑行控制功能,即通过反应快速、有效、可靠的空转/滑行控制,以便充分利用轮轨黏着条件。

④系统采用高速微机控制并具有自诊断功能,采用先进成熟的控制技术,并具有完备的监控和系统保护功能。

⑤牵引电机采用适用于 VVVF 逆变器供电方式的三相鼠笼式异步电动机,输出功率为180 kW。

日立牵引系统主电路及工作原理如图 7.1 所示。

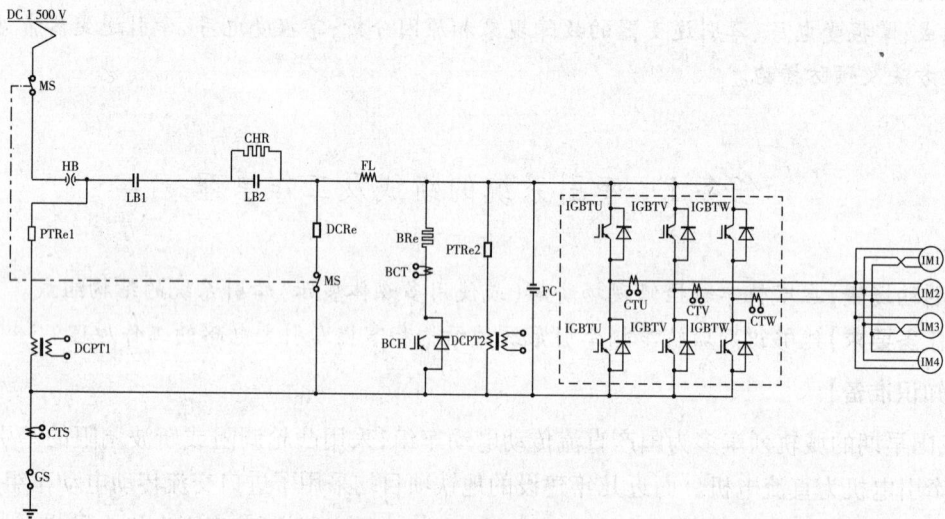

图 7.1　牵引系统主电路

如图 7.1 所示,DC 1 500 V 的电源从接触网通过受电弓引入到车上,然后依次通过 MS(主隔离开关)、HB(高速断路器)、LB1、LB2(线路接触器)、FL(滤波电抗器),最后到牵引逆变器,此时逆变器将 DC 1 500 V 逆变为电压、频率可变的交流电给车下四台牵引电机供电,从而使电机旋转。逆变器通过改变输入牵引电机的电压及频率,从而控制电客车的速度。当列车在制动时,首先投入再生制动,当网压达到 1 720 V 后,制动斩波相开始间断性导通,开始投入电阻制动,通过制动电阻将牵引电机再生的电能转化为热能散发到大气,当网压达到 1 800 V 后,此时制动斩波相一直导通,直到制动电阻温度或制动斩波相温度超过保护值,从而节省了能源,同时减少了闸瓦的磨耗。

牵引系统主要由受流装置、电气牵引设备、控制电路 3 部分组成,主要包括以下设备:

①高压设备:受电弓(PAN)(见图 7.2),避雷器(ARR)。

图 7.2　受电弓实物图

图 7.3　制动电阻实物图

受电弓的基本作用有两个:一是将接触网的电引入到车上;二是当列车在制动时,此时牵引电机变为发电机将动能转化为电能通过受电弓反馈到接触网供其他列车使用。避雷器主要是对过电压的保护。

②高速断路器(HB)。

高速断路器主要限制主电路过电流,当由于某种原因使主电路电流超过 1 500 A 时,高速断路器断开,对主电路进行保护。

③主隔离开关(MS)。

主隔离开关主要是将受电弓与牵引系统断开。

④线路接触器(LB1,LB2)。

首先是 LB1 闭合,然后电流流过充电电阻给电容充电,当 LB1 闭合 0.32 s 后,此时 LB2 闭合,短路充电电阻。

⑤滤波器电抗器(FL)。

滤波器电抗器主要作用是把从受电弓传下的直流电进行高次谐波的滤除,同时也有稳定电流的作用,从而给逆变器提供优质的直流电。

⑥滤波电容(FC)。

⑦制动电阻(BRe)(见图 7.3)。

当列车在电制动时,首先投入再生制动,当网压达到 1 720 V 后,制动斩波相开始间断性导通,开始投入电阻制动,通过制动电阻将牵引电机再生的电能转化为热能散发到大气,当网压达到 1 800 V 后,此时制动斩波相一直导通,直到制动电阻温度或制动斩波相温度超过保护值。

⑧VVVF 逆变器(包括制动斩波器)(见图 7.4)。

列车在运行时,VVVF 将受电弓传来的 DC 1 500 V 逆变为电压、频率可变的交流电,然后给车下四台电机供电。同时当牵引系统故障时,也可从此处通过计算机读取牵引系统故障数据。

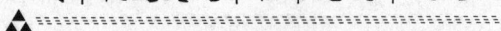

图 7.4　VVVF 逆变器装置实物图

⑨电流/电压传感器(电流传感器 CTU，CTV，CTW，BCT，CTS，电压传感器 DCPT1，DCPT2)。

⑩交流牵引电机(见图 7.5)。

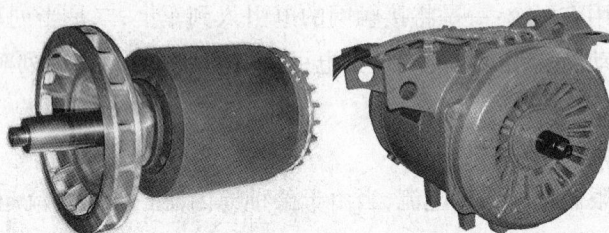

图 7.5　交流牵引电机实物图

⑪齿轮箱及联轴节。

⑫接地装置。

【任务实施】

1.在车辆检修现场识别牵引系统各部件的名称及位置。

2.在车辆检修现场对受电弓装置的升降弓状态进行查看。

3.在车辆检修生产现场进行对牵引逆变器的结构外观进行认识。

【效果评价】

评价表

项目名称	牵引系统常见故障处理		学生姓名	
任务名称	任务 1　牵引系统的组成及工作原理		分　数	
项　目			分　值	考核得分
1.城轨车辆牵引系统的知识、图片的搜集、整理			10	
2.是否有小组计划			5	
3.牵引系统主电路工作原理的认知情况			25	
4.牵引系统受电弓结构的认知情况			25	

项　目	分　值	考核得分
5.牵引逆变器结构的认知情况	20	
6.编制学习汇报报告情况	10	
7.基本素养考核情况	5	

教师简要评语：

教师签名：

任务2　牵引系统的常见故障及原因分析

【活动场景】使用多媒体展示城轨车辆牵引系统的常见故障及原因分析。

【任务要求】掌握城轨车辆牵引系统的常见故障并对故障原因进行分析说明。

【知识准备】

牵引系统故障主要有受流器本体故障、VVVF逆变器故障以及控制电路故障等。VVVF逆变器自身具有故障诊断功能，系统在出现故障后都会以故障代码的形式发送给列车管理系统TMS。而系统故障更详细的内容一般都要通过维护工具读取系统的故障信息，然后通过故障信息来分析故障部件。以下主要讲述一些实际运用过程中的常见故障。

（1）受电弓故障

在运营中受电弓故障是牵引系统中多发的故障部件之一，有受电弓本体的故障，也有控制电路、气路、机械方面的故障。

受电弓本体故障主要表现在碳条故障方面，一般有：碳条断裂并脱落、碳条与支架分离、掉块超过截面宽度的1/3、碳条有纵向裂纹等，现就相应的故障以图片的形式作一介绍：

1）碳条断裂并脱落（见图7.6）

在这种情况下，受电弓的受流接触面积减小，受流情况会严重恶化，同时由于滑板断口会导致与接触网导线与滑板滑动不顺畅，严重时会引起弓网事故。

原因分析：每一受电弓上有4条滑板，运行中承受外

图7.6　碳条断裂并脱落

力主要集中于外部两侧的滑板,这类脱落的滑板由于处于 4 条滑板的中间位置,外力冲击属于次要原因,主要为滑板自身质量原因。分析为原碳条与支架黏结不良,在外力撞击后断裂并脱落。

2)碳条与支架分离

分离点开始从滑板的端部向中间延伸,分离在端部表现最为明显。在这一情况下如继续运行,分离的长度将进一步扩大,最终导致碳条与支架完全分离或碳条断裂,引起更为严重的后果。

原因分析:由于滑板非完全直线型,呈轻微的向上弧线状,端部在制造过程中存在一定的张力,由于碳条与支架黏结不良,在外力作用下从端部逐步分离并向中间扩展。

3)掉块超过截面宽度的 1/3(见图 7.7)

图 7.7 掉块超过截面宽度的 1/3

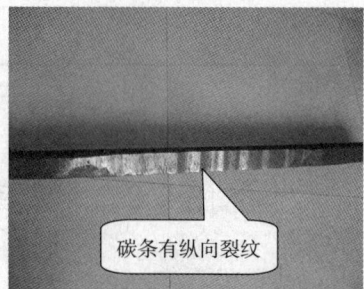

图 7.8 碳条有纵向裂纹

这类情况在运用的非正常更换中数量最多,在掉块超过截面宽度较大时,其受流面积将会减少,影响正常的接触受流。同时,由于受损的部位往往是整个滑板中最薄弱之处,在今后的正常使用中易在此处发生断裂事件。

原因分析:损伤是由于接触网上的硬点与滑板撞击后产生,滑板为碳系列制品,材质较脆,被撞后容易成片落下。从多条类似受损滑板的撞击点来分析,其撞击位置规律明显,多数集中在滑板左右距离端部 150 mm 处。

4)碳条有纵向裂纹(见图 7.8)

运营中滑板表面横向的短裂纹(10 mm 以内)普遍存在,属正常现象,但纵向的裂纹则属于故障状态,但这类故障初期隐蔽性较强,检查时应特别留心才能发现。

原因分析:一般认为属为制造缺陷所致,需要及时进行更换处理,时间长的话会引起大面积的断裂、脱落。

5)受电弓其他故障

①绝缘子爬电(拉杆绝缘子、支持绝缘子):由于绝缘子表面清洁不良,在恶劣的自然条件下,如小雨、雾天等出现绝缘不良的故障,绝缘子表面出现闪烁,接触网失电。

②受电弓拉弧(静态及动态):由于接触压力不恰当、接触面不平滑等。

③受电弓升不起或升不到位:有风路原因、电路原因、机械原因等。

风路原因一般为压缩空气质量欠佳,所含杂质、水分多,引发空气管路锈蚀、堵塞,风路不畅或不通。

电路原因一般为电路中元器件损坏、电路接触不良等原因导致控制电无法到达被控部件。

机械原因一般是机械卡位引起在压缩空气送到风缸后无法推动受电弓升起或升不到位，如风缸、转轴等部件的变形。

④受电弓在与接触网导线滑动接触过程中由于各种原因会出现弓网故障：

轻微时，受电弓弓头变形或滑板条被打断；一般情况下会导致受电弓支架变形，接触网局部受损；严重时会导致受电弓支架折断，接触网悬挂装置损坏，导线断开。

当发生弓网故障，造成受电弓碳滑条、弓头、上框架等零部件变形或损坏，应将受电弓从车顶拆下，进行全面检修或更换零部件，检修完成后在专用试验台上对受电弓进行例行试验（包括动作试验、弓头自由度测量、气密性试验、静态压力特性试验），试验合格后方可装车交付使用。其原因一般是由于路基引起受电弓运行线偏离原运行中心线、接触网位移、受电弓变形及弓头维修指标不合要求以及外界因素的影响，如风速大、接触网有异物等。

（2）VVVF 逆变器故障

VVVF 故障分为内部程序故障、器件故障、螺丝松动、保护动作和外部接线故障。按照故障程序可分为 1 类故障、2 类故障、3 类故障（故障程度由轻故障到重故障）。一般常见的故障有：

1）GDU（门极驱动单元）故障

GDU 单元故障一般会造成 IGBT 反馈故障和隔离牵引逆变器。一般故障原因是由于 GDU 故障、通信光缆故障或 IGBT 故障导致。GDU 单元在各地铁运营单位已是最小维修单元，只能通过部件更换可以使故障得到消除。

2）IGBT（绝缘栅极双极晶体管）故障

IGBT 由于过电压、过电流或过热等出现故障，通过 GDU 反馈到 VVVF 逻辑控制单元，TMS 接收到故障信息后报警，同时 VVVF 逻辑控制单元将系统保护进行隔离。IGBT 的故障一般是由于控制系统故障导致或本身质量缺陷所致。IGBT 在运用中由于环境因素或本身质量问题也存在击穿或爆裂等故障现象。

3）电压、电流传感器故障（见图 7.9、图 7.10）

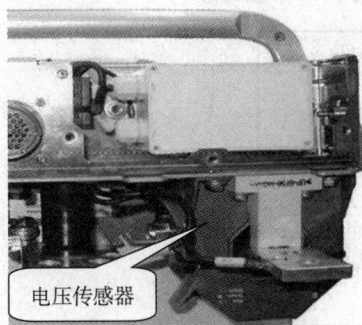

图 7.9　牵引逆变器电压传感器实物图

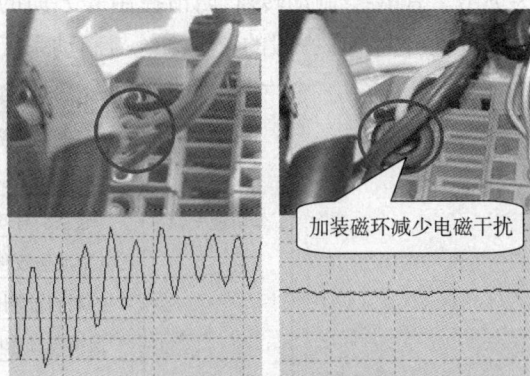

加装磁环减少电磁干扰

图 7.10　牵引逆变器电压传感加装抗干扰磁环前、后波形输出对比

电压、电流传感器作为 VVVF 逆变单元中的一个组成部分,其作用相当重要,它检测线路、电容器的电压和电流,将电压、电流的信息不断地被发送到 VVVF 逻辑控制单元进行计算、控制,同时也用于触发保护性的动作。

在运营三四年后,电压传感器、电流传感器的故障将逐渐增多,表现在检测值与实际值存在较大的偏差,主要有以下 4 个原因:

①部分电压、电流传感器备件制造工艺较差,质量不过关。

②电压、电流传感器到达基本使用年限。

③模块内部电子元器件的电磁干扰(通过加装抗干扰装置来减少电磁干扰)。

④电压、电流传感器与 VVVF 逻辑控制单元设定参数不匹配。

(3)牵引电机故障(见图 7.11、图 7.12)

牵引电机在运用中出现因绝缘损坏导致的接地较多。一般情况下,由于在运用中有异物进入破损绝缘层导致接地;另一方面则是制造方面存在的质量缺陷。

牵引电机在运行一段时间后要定期对轴承进行润滑,否则会因缺少润滑而导致磨损、异响以及过热等现象发生,影响电机的使用寿命。

图 7.11 牵引电机绕组处有异物

图 7.12 牵引电机定子绕组烧损

(4)其他故障

其他故障主要表现在以下 3 个方面。

①牵引系统与制动系统配合紧密,两者之间接口的故障也较多,尤其在新车调试时,表现较为突出。有电-空制动转换、防滑控制等方面的问题,一般需要通过现场实际试验测试后修改软件设置可调整。一般的牵引系统与制动系统接口关系如图 7.13 所示。

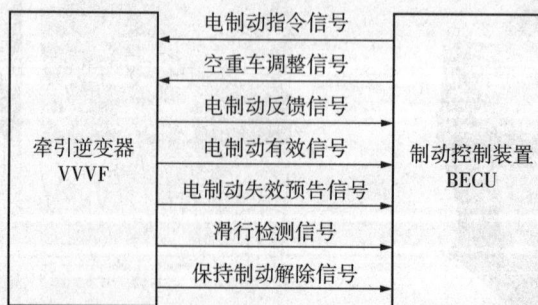

图 7.13 牵引与制动接口关系示意图

②牵引系统各部件在长期运行中因震动造成部分螺丝松动,需要在日常检修中注意检查并处理。同时还存在部件箱体密封胶条老化造成密封不良,有水或污垢进入,日常也应及时处理,以免造成控制电路板短路,引起其他的故障发生。

③制动电阻的故障。当列车在制动时,首先投入再生制动,当网压达到一定值后,制动斩波相开始间断性导通,开始投入电阻制动,通过制动电阻将牵引电机再生的电能转化为热能散发到大气。

制动电阻一般会出现电阻片过热变色、变形,中间瓷柱破裂的现象发生。日常应注意制动电阻的散热区域不被堵塞,制动电阻片表面需定期清洁,破损的瓷柱应及时更换。

【任务实施】

1. 在车辆检修现场对故障的受电弓碳滑板进行更换处理。

2. 对牵引逆变器的故障进行分析说明。

【效果评价】

评价表

项目名称	牵引系统常见故障处理		学生姓名	
任务名称	任务 2 牵引系统的常见故障及原因分析		分　数	
	项　目		分　值	考核得分
1. 城轨车辆牵引系统常见故障的知识、图片的搜集、整理			10	
2. 是否有小组计划			5	
3. 受电弓故障现象的认知情况			25	
4. 对于受电弓碳滑板表面裂纹原因的分析			25	
5. 牵引逆变单元与制动系统接口的认知情况			20	
6. 编制学习汇报报告情况			10	
7. 基本素养考核情况			5	
教师简要评语:				
			教师签名:	

任务 3　牵引系统常见故障的处理方法及预防措施

【活动场景】使用多媒体展示城轨车辆牵引系统的常见故障的处理方法及预防措施。

【任务要求】掌握城轨车辆牵引系统故障的处理方法以及受电弓检查要点。

【知识准备】

牵引系统故障发生后,要明确发生故障的车号及故障名称,之后读取相应故障记录。首先在司机室读取 TMS 故障记录,另外还要在相应车下 VVVF 箱中读取 VVVF 牵引系统故障信息。司机室读取故障记录如图 7.14 所示,用数据线将专用笔记本与司机室 TMS 主机进行连接,再通过笔记本的操作对相应的故障进行下载故障记录。牵引系统所报故障的具体信息可以在车下的 VVVF 箱内的控制逻辑部进行读取。同样可用专用数据线将逻辑部上的数据线接口与笔记本相连接,通过笔记本的相关软件可对相应故障进行读取及即时动作的监控等操作,如图 7.15 所示。

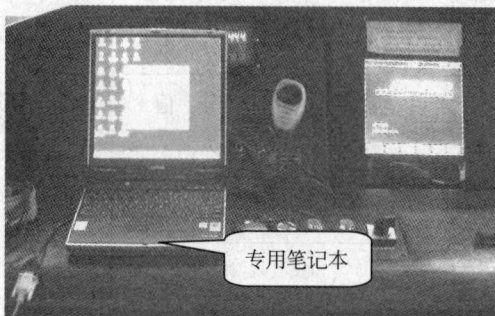

图 7.14　司机室读取故障

图 7.15　VVVF 控制逻辑部读取故障

根据下载的故障信息(见图 7.16 TMS 记录的故障数据、图 7.17 VVVF 逻辑控制部记录的数据)以及故障发生时的相关操作及现象综合分析后,参照系统所提供的故障处理建议表,对相关故障进行排除及处理。

图 7.16　TMS 记录的"SEFD"故障

图 7.17　VVVF 逻辑控制部记录的"SEFD"故障

正线如果发生牵引逆变器故障,一个逆变器不工作时,根据技术要求,剩余动力可以正常载客继续运行到终点站后退出服务;如果两个逆变器同时故障时,对于 3 动 3 拖的车辆需要到下一站或在本站清客后退出服务,回库进行处理。同时发生逆变器故障时,一般先进行电源复位,对系统进行重启,以确定是否属于偶发性的软故障。

VVVF逆变器故障通过备件互换的方式恢复故障,故障备件目前大多数城市地铁无具备维修的能力,需要返回厂家维修。VVVF逆变器装置日常只进行外观及功能性的检查,平时进行清洁工作即可。检查及故障更换应注意以下事项:

①在拆下基板以及门极驱动时,要慎重操作,避免损伤光缆。

②避免使拆下的光缆插头和基板侧光缆插座(光模块)沾上异物、尘埃(不要在尘土多的地方作业,不要拆下后长时间放置等)。

③配线连接器及光缆在安装时要确认插接到位。

④进行检查时,应佩戴防静电手环。

受电弓是城轨车辆非常关键的一个部件,运用维修部门要特别重视其运行状态,表7.1为受电弓一般故障的原因分析及处理方法。

表7.1　受电弓一般故障的原因分析及处理方法

故　障	原　因	维修措施
受电弓不能升弓	气囊装置损坏	检查更换气囊装置
	升弓钢丝绳磨损或断裂	检查更换升弓钢丝绳
	绝缘气管管路堵塞	检查清理绝缘气管管路,使其畅通
受电弓受流不稳定	接触压力变小	检查调整接触压力至额定值
	碳滑条破损	更换新的碳滑条
碳滑条磨耗不均匀	平衡杆的问题	调整平衡杆,使每根碳滑条都能与接触网线很好地接触
受电弓底架和车顶之间产生火花	底架和车顶之间的绝缘子上有灰尘或污垢	清洁绝缘子
受电弓各管路漏气严重	管路破裂或各接头部位连接不牢固	检查更换破损的管路风管或将连接不牢固的管路接头紧固
受电弓静态压力发生变化	受电弓压力变大	检查受电弓大控制箱中的精密调压阀,如果失灵请更换
	受电弓压力变小	检查受电弓大控制箱中的精密调压阀或受电弓的进气管路,如果需要应进行清理

其次,受电弓碳滑条的故障需要更换处理,且更换时一个受电弓的碳滑条均要同时更换。为了减少和预防受电弓碳滑条的故障,一般要求如下:

①将接触网设计为"之"字形。受电弓工作的最大特点是靠滑动接触而收取电流。这就要求受电弓滑板与接触网导线可靠接触且磨耗小,为此将接触网设计为"之"字形,滑板运行中在有效范围内与导线滑动接触,减少滑条的偏磨现象。

②接触压力。要求在工作高度范围内具有大小不变,数值适中的压力。接触压力太小,接触电阻增大,功率损耗增加,同时运行时易产生离线和电弧,导致接触导线和滑板磨耗增加。停车时可能由于接触电阻大造成烧断接触网导线;接触压力太大,加重机械摩擦,严重时使滑板局部拉槽,进而造成接触导线弹跳拉弧,以至于刮弓。

③滑板的材料。要求硬度适中,导电性能好,接触电阻较小,质量轻与导线滑动过程中同时具有较小的磨耗。通常采用碳系列材料来制作滑板条。硬度太大接触网导线磨耗增加,滑板磨耗减小;硬度太小滑板导线磨耗增加,接触网磨耗减小;同时滑板容易损坏。

受电弓装置的检查要点有以下4个方面:

1)检查的项目

①各紧固螺栓的松动情况。

②各接线(尤其导流线)的紧固是否松动,有无断股等。

③碳滑板表面有无裂纹。

④绝缘子及绝缘气管有无裂纹。

⑤升弓钢丝绳有无断股。

⑥阻尼器有无漏油。

2)清洁的部位

①绝缘子表面的清洁。

②避雷器表面的清洁。

③各绝缘气管表面的清洁。

3)润滑的项目

①受电弓钢丝绳上和滑轮有接触的地方需要进行润滑。

②平衡杆两端的活动关节处需要润滑。

③拉杆两端的活动部位需要润滑。

4)重点测量调整的项目

①单个碳滑板水平度的调整。

②整体碳滑板整体水平度的调整。

③升降弓时间的调整(一般调整在升弓时间(8±1)s,降弓时间(7±1)s)。

④接触压力的调整(标准静态压力为100~120 N的数值)。

牵引电机日常应检查电机连线完好无损,进风口无异物,轴承部位无漏油。电机工作时无震动、异响、异味,要定期清洁电机滤网和电机表面油污。根据维修要求定期对电机轴承加注润滑油。

牵引逆变器一般只对外观进行检查,检查接线状态、外观是否有变色的现象。定期对逆变器进行清洁工作。

【任务实施】

1.在车辆检修现场对牵引逆变器的故障进行下载读取。

2. 对受电弓接触压力进行调整。

【效果评价】

评价表

项目名称	牵引系统常见故障处理		学生姓名	
任务名称	任务3 牵引系统常见故障的处理方法及预防措施		分 数	
项 目			分 值	考核得分
1.城轨车辆牵引系统故障处理的知识、图片的搜集、整理			10	
2.是否有小组计划			5	
3.牵引逆变器故障的调查方法掌握情况			25	
4.牵引逆变器检查的注意事项			25	
5.受电弓装置的检查要点			20	
6.编制学习汇报报告情况			10	
7.基本素养考核情况			5	
教师简要评语：				
			教师签名：	

项目小结

通过本章学习,掌握轨道交通车辆牵引系统的结构及部件功能;掌握受电弓装置常见故障和故障原因;掌握牵引系统常见故障处理方法及预防措施等。

思考与练习

1. 举例说明轨道交通车辆牵引系统受电弓装置滑板条故障现象。
2. 说明牵引系统故障的处理方法。

项目 8　辅助电源系统常见故障处理

【项目描述】该项目主要以日立公司的产品为例介绍城轨道交通车辆辅助电源系统结构及功能;辅助电源系统的常见故障现象和原因分析;辅助电源的常见故障的处理方法及预防措施等。

【学习目标】学习掌握轨道交通车辆辅助电源系统结构及各部分功能;掌握辅助电源系统的常见故障现象和发生原因;掌握辅助电源系统的常见故障的处理方法及预防措施等。

【技能目标】掌握轨道交通车辆的辅助电源系统结构;能够处理一般的辅助电源系统的故障并分析故障原因;学会辅助电源系统的常见故障的处理方法、检查的要点等。

任务 1　辅助电源系统的组成及工作原理

【活动场景】在车辆检修现场讲解(或使用多媒体展示)城轨车辆辅助电源系统的组成。

【任务要求】掌握城轨车辆辅助电源系统的组成及辅助电路的工作原理。

【知识准备】

辅助系统是地铁或轻轨车辆上的一个必不可少的、关键的电气部分,它可为空调、通风机、空压机、蓄电池充电器及照明等辅助设备提供供电电源。目前,世界上在地铁与轻轨辅助系统中大都采用绝缘栅双极型晶体管 IGBT 模块来构成。辅助供电系统输出 AC380 V、DC110 V 及 DC24 V 电源,其主要由辅助静态逆变器(SIV)、整流装置、启动装置、扩展供电装置以及蓄电池 5 部分组成。

(1)**辅助电源系统的主要功能**

逆变部分:辅助用电设备大都需要三相 50 Hz、380 V/220 V 交流电源,因而首先要将波动的直流网压逆变为恒压恒频的三相交流电。

变压器隔离部分:为了安全必须将电网上的高压与低压用电设备,尤其是常需人工操作的控制电源的设备,在电气电位上实现隔离。通常采用变压器进行电气隔离,同时也可通过设计不同的匝比以满足电压值的需要。

直流电源(兼作蓄电池充电器):车辆上各控制电器都由直流电源 DC/DC 供电。车辆上蓄电池为紧急用电所需,所以 DC110 V 控制电源同时也是蓄电池的充电器。

（2）辅助电源系统的组成及作用(以日立公司的产品为例)

1）启动装置

启动装置主要部件由直流电抗器、线路接触器、放电电阻、放电接触器等构成。

其主要作用是对进入 SIV 的输入电源进行开关控制,对输入电源起滤波作用,含有对 SIV 装置进行放电的放电电阻及接触器。

2）SIV 逆变装置(见图 8.1)

图 8.1　SIV 逆变装置

SIV 逆变装置主要部件由功率单元(IGBT 元件、PWM 矢量控制)、逻辑部、HB、直流电容、交流电抗器、交流电容、三相输出变压器构成。

SIV 逆变装置是辅助系统的核心,主要功能是将 DC1 500 V 转化为 AC380 V 供三相交流负载及整流装置。同时当辅助供电系统故障时,也可从此处通过计算机读取牵引系统故障数据。

3）整流装置

整流装置主要部件由 110 V 用变压器、110 V 用整流回路、24 V 用变压器、24 V 用整流回路构成。主要功能是将 AC380 V 转化为 DC110 V 给车辆提供控制电源及给蓄电池浮充电,同时通过斩波模块将 DC110 V 转化为 DC24 V 给各电路板供电。

4）扩展供电装置(见图 8.2)

图 8.2　扩展供电装置箱体

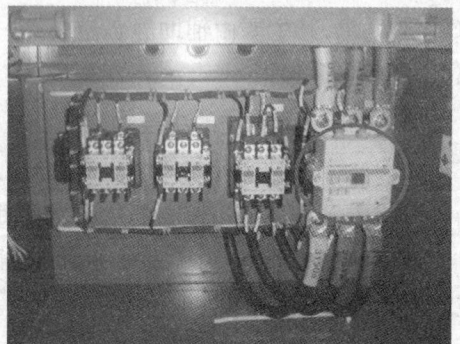

图 8.3　扩展供电装置的电磁接触器

扩展供电装置主要部件由电磁接触器(见图8.3)构成。主要作用是当1台SIV装置因保护动作停止时,SIV装置输出扩展供电指令,交流接触器闭合,另外1台SIV装置将提供全列车的基本负载并保证列车的正常运行。基本负载是指全部负载中减掉全列车每套空调机组的一台压缩机。

5)蓄电池组

一般城轨车辆每列车配有两套蓄电池组。国内地铁目前大多采用Hoppecke FNC镉镍碱性蓄电池;一部分城市地铁使用了国产的铅酸蓄电池。碱性电池和酸性电池各有优缺点。

蓄电池主要作用是给控制电路提供DC110 V电源,列车在电网无网压或两台辅助逆变器同时故障的情况下,能在45 min内持续为以下应急负载供电,包括通风、客室应急照明、司机室照明、前照灯、尾灯、车侧灯、仪表灯、广播、无线电台、车门控制等。

6)应急逆变器

当列车两台SIV均故障,列车三相380 V、50Hz交流电源失效的情况下,为保证乘客安全,设定了应急逆变器,由车辆DC110 V蓄电池组经应急逆变器为空调机组送风机供电,保证45 min紧急通风。

(3)辅助电源系统的供电负载

辅助电源系统的供电负载见表8.1。

表8.1 辅助电源系统的供电负载

380 V及单项220 V负载	110 V负载		24 V负载
空调(冷凝风机)	客室应急灯	列车广播控制	仪表灯
空调(压缩机)	司机室荧光灯	闪灯报站装置	防护灯
	运行指令	LCD显示屏	电笛
空调(通风机)	VVVF控制	监控系统	刮雨器
空压机	制动控制	PIDS控制设备	ATP,ATO
司机室送风单元	空压机控制	无线通信	
客室照明	门系统	SIV控制	
废排风机/幅流风机	外部指示灯	空调控制	
其他(包括方便插座)	客室内指示灯	蓄电池充电	
客室电热/司机室电热	头灯	紧急通风	
司机室窗加热器			

(4)辅助电源系统主电路

静止逆变系统主要采用的逆变加滤波器与变压器降压隔离;对DC110 V电源转换通过50 Hz隔离降压变压器来实现。静止逆变器的功率元件采用大功率电力电子元件IGBT,其控制采用微机控制并有自诊断功能。在正常情况下,每列车的两套静止逆变器(SIV)向全列车辅助系统的负载提供电源;当其中一套静止逆变器(SIV)故障时,余下的一套能承担6辆车的基本负载并保证列车的正常运行。基本负载是指全部负载中减掉全列车每套空调机组的一台压缩机。图 8.4 为辅助电源系统主电路。

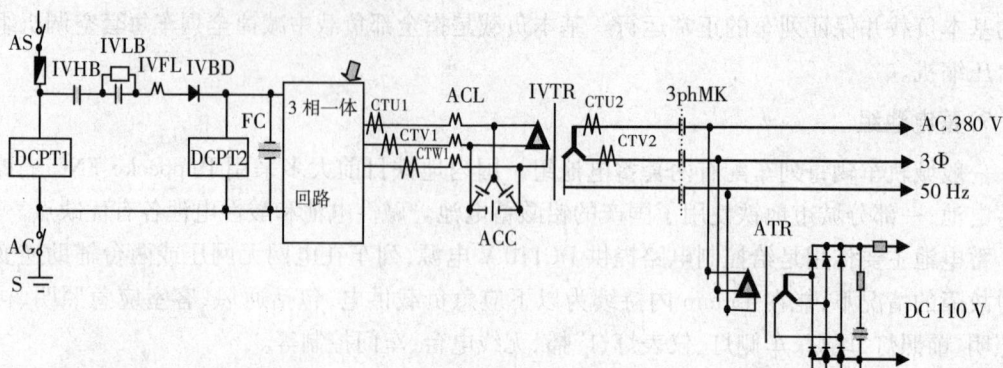

图 8.4　辅助电源系统主电路

【任务实施】

1. 在车辆检修现场识别辅助电源系统各部件的名称及位置。

2. 在车辆检修现场对蓄电池安装、外观接线进行查看。

3. 在车辆检修生产现场进行对辅助逆变器的结构外观进行认识。

【效果评价】

评价表

项目名称	辅助电源系统常见故障处理	学生姓名	
任务名称	任务 1　辅助电源系统的组成及工作原理	分　数	
项　目		分　值	考核得分
1. 城轨车辆辅助电源系统的知识、图片的搜集、整理		10	
2. 是否有小组计划		5	
3. 辅助电源系统主电路工作原理的认知情况		25	
4. 辅助逆变器的结构认知情况		25	
5. 蓄电池组的外观接线的认知情况		20	
6. 编制学习汇报报告情况		10	
7. 基本素养考核情况		5	
教师简要评语：			

教师签名：

任务2 辅助电源系统的常见故障及原因分析

【活动场景】使用多媒体展示城轨车辆辅助电源系统的常见故障并结合故障现象进行原因分析、讲解。

【任务要求】能够掌握并处理一般的城轨车辆辅助逆变器、蓄电池的常见故障,对各类故障的产生原因能分析、说明。

【知识准备】

辅助电源系统逆变装置常见故障主要分为内部程序故障、电路基板及器件故障、外部接线及部件故障、保护动作等;启动装置和扩展装置多为接线松脱、继电器的故障;蓄电池组故障主要表现在单体蓄电池电压低、蓄电池接反、蓄电池烧损、蓄电池传感器故障等现象。

(1)SIV 逆变器故障

1)两台或一台 SIV 不启动

一般是控制电路的故障,控制电源开关跳闸或继电器故障,需要检查 SIV 控制电源的相关开关及继电器的电路。

列车在正线运营时出现该一台 SIV 故障不工作,列车的扩展供电装置启用,空调制动系统减载运行,此时司机可以驾驶列车维持到终点站后退出服务。当两台 SIV 故障不工作时,则需要在当前站进行清客、组织救援。

2)TMS 显示的 SIV 相关轻微故障

一般是由于逻辑单元检测故障或受其他环境干扰引起的偶发故障,通过专用的复位按钮或重启电源即可恢复故障,俗称"假故障"。

SIV 逆变器故障,在 TMS 有故障记录,通过司机室 TMS 显示屏,可以查看故障发生的时间、故障代码及故障描述,并具有相关的处理意见指引,检修人员可根据指引来缩小故障的范围,有助于故障的判断。

SIV 逆变器故障时和 VVVF 牵引逆变器故障调查方法一样,也可通过下载逻辑部的故障信息来分析 SIV 故障时的数据变化,进一步调查故障的根本原因。

(2)蓄电池组故障

城轨车辆蓄电池在实际应用中存在的问题比较多,主要有以下 7 种情况:

1)液体渗漏现象

液体渗漏分为两类:一是加液时渗漏,这是由于人为操作或工具使用问题所致;二是运营过程中的漏液,一方面是由于加注的蒸馏水超过规定液面高,在运用中车辆晃动引起漏液;另一方面可能与个别单体的工作电压不均有一定的关系。判断渗漏是蒸馏水还是电解液的问题,要看是否有结晶体。有结晶体析出的渗漏是电解液,无结晶体析出的则是蒸馏水。

2）单体电压存在不均衡现象

蓄电池在应用中经常会发生单体电压不均衡的现象，其原因一般是由于部分单体失水过多，而工作温度较高，影响其内部化学反应，久而久之电压差显现。发现这种问题时，需要将蓄电池组从车上拆下，在车下进行充放电维护，使之活性物质重新化，从而达到均匀压差的目的。

3）蓄电池的"爬碱"现象

碱性蓄电池含有氢氧化钾（KOH）和氢氧化锂（LiOH）的碱性电解液，运用中时间一长，电解液有爬上容器口的特性，称为"爬碱"，如图8.5所示。

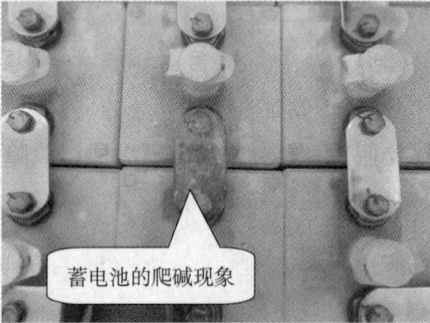

蓄电池的爬碱现象

图8.5　蓄电池的爬碱现象

蓄电池烧损现象

图8.6　蓄电池烧损现象

爬碱现象会引起蓄电池正、负极以及其他回路自放电加大，降低蓄电池正、负极间和直流系统的绝缘，且消耗电解液，会腐蚀引线、端子。爬碱一般是由于极柱、螺母、垫圈等处的凡士林油涂抹不均；蓄电池内部的电解液液面过高；极柱、气塞密封不严，外溢电解液过多造成的。遇到这些情况时，如因电解液过多而引起液面外溢时，应吸出一部分至液面标准线。气塞密封不严，应更换密封件，并拧紧螺母。

4）单体蓄电池烧损

在运营中，蓄电池烧损的现象也会偶尔发生，如图8.6所示。尤其新车调试或蓄电池检修重新安装后居多，这种情况直接危及运营的安全。其原因一般是作业人员未按标准操作引起，导致蓄电池连接板螺栓紧固不良。蓄电池在工作时，充、放电流较大，由于螺栓松动，端子接触不良，增大了接触电阻，使局部热量增大引起的烧损现象。因此，新车到段后，一些运营单位会组织人员重新对蓄电池接线端子进行力矩校正，以确保各连接螺栓紧固到位，避免发生该类事故。

5）蓄电池极性接反

蓄电池组是多个单体串联在一，在组装时由于作业人员不负责造成相邻电池极性接错，使单个蓄电池或多个蓄电池组长期处于放电状态，造成蓄电池亏电，单个或整组电池电压较低。蓄电池正、负极均有颜色标识，接线或检查时须注意。

6）蓄电池温度传感器故障（见图8.7）

蓄电池在充电过程中，因温度变化的不同充电电流也有一定的差别，通过温度传感器采集的蓄电池工作时的环境温度而不断调整充电电流，以满足不同温度下的充电电流值。由于蓄电池温度传感器连线较软,且易折断,温度传感器经常会发生线缆短路、断路、传感器反映不真实、传感器插头插接不良的故障。这些故障发生,直接导致辅助逆变器的故障,造成辅助逆变器不工作,影响较大。因此,在日常检查时要特别注意传感器的线缆,避免夹、折,用万用表测量传感器的探头电阻阻值,确保其工作时的可靠性。

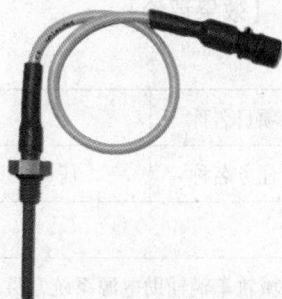

8.7 蓄电池温度传感器

7)运营维修中存在的问题

在实际运营维修中,发现除上述蓄电池故障外,还有蓄电池外壳壳体过热变形、机械撞击壳破损、蓄电池液面下降过多等问题存在,如图 8.8、图 8.9 所示。

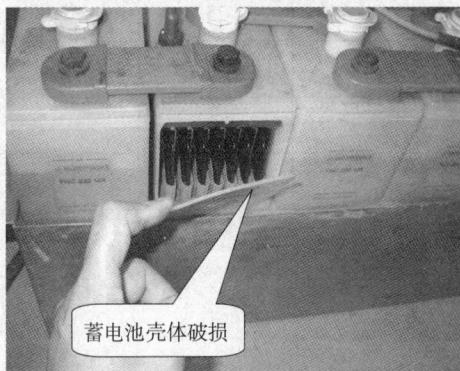

蓄电池壳体破损

图 8.8　蓄电池壳体破损

蓄电池液面下降过多

图 8.9　蓄电池液面下降过多

蓄电池壳体具有防火、阻燃的特点,由无毒、不含卤的特殊 PP 材料或(Grilon-VO)组成,能承受一定的冲击力,在搬运、运输过程中也要避免机械撞击,以免造成壳体变形、损坏的情况发生。

对于在相等使用条件下失水过多的蓄电池,通常要特别进行检查,一方面确认壳体无裂纹、渗漏现象;另一方面检查单体电池电压是否正常。如果检查都正常,重新补水后进行跟踪观察,否则需作更换处理。

【任务实施】

1.在车辆检修现场用万用表测量蓄电池的单个电压、整体电压值。

2.在车辆检修现场对辅助逆变器的故障进行识别。

3.在车辆检修生产现场对扩展供电装置的功能进行验证操作。

【效果评价】

评价表

项目名称	辅助电源系统常见故障处理	学生姓名	
任务名称	任务2 辅助电源系统的常见故障及原因分析	分　数	
项　目		分　值	考核得分
1.城轨车辆辅助电源系统常见故障的知识、图片的搜集、整理		10	
2.是否有小组计划		5	
3.辅助逆变器故障的认知情况		25	
4.蓄电池常见故障类型的认知情况		25	
5.蓄电池故障原因的认知情况		20	
6.编制学习汇报报告情况		10	
7.基本素养考核情况		5	
教师简要评语： 教师签名：			

任务3　辅助电源系统常见故障的处理方法及预防措施

【活动场景】使用多媒体展示城轨车辆辅助电源系统常见故障的处理方法及日常维护工作。

【任务要求】掌握城轨车辆辅助逆变器、蓄电池常见故障的处理方法,能按照要求对设备进行检查工作。

【知识准备】

辅助系统故障发生后,先要下载辅助控制系统相关故障记录,根据记录的故障信息,参照系统提供的处理建议进行故障排查。辅助系统显示的一些轻故障,一般通过电源复位的方式即可恢复使用,对于一些重故障,则可能是由于本身硬件导致,需要更换一些硬件才能恢复故障。在现场应用中,一般采用备件互换的方式来确认故障。当一个辅助逆变器故障时,经过分析后有一定的故障定位,将疑似故障的部件与运行良好的辅助逆变器部件对调,以确认判断故障的准确性。

Hoppecke FNC 镉镍碱性蓄电池设计的使用寿命为在平均温度 22 ℃的条件下超过 15 年,温度过高会影响使用寿命,当有效容量降至低于额定容量的 70% 时,就到了它的使用寿命。蓄电池在使用中需要根据具体情况加蒸馏水,在使用寿命期内,不用更换电解液。有损伤或充电后电压不正常的蓄电池则需要更换。

蓄电池在日常维护时,外壳表面应保持清洁,因为灰尘和潮湿会导致电流爬升。蓄电池气塞及绝缘件良好,无泄漏电解液现象,外壳耐碱绝缘的环氧瓷漆层要良好。一般在月检或三月检定期检查液面高度,调整电解液比重。定期检查每只蓄电池的容量,及时更换电压过低的单体蓄电池。蓄电池各连接铜板及接线应无烧痕、腐蚀现象。定期对蓄电池箱体、小车框架、绝缘隔板的清洁。

蓄电池也可使用水来清洗,但不得使用任何溶剂与丝刷。如有必要阀也须使用清水清洗。必须保证阀上没有污点并且能被正确地盖上。螺栓及垫片应该被正确紧固。为避免腐蚀,可使用薄薄的一层中性凡士林或防腐油在蓄电池的连接件处及电缆眼处。

长时间使用后,由于单体内的活性物质、极板附着物增多等,蓄电池组难免出现电压不均衡现象,为了使整组蓄电池电压重新回到水平线上,需要进行"三放三充"的恢复性充电,以激活各单体的化学物质,恢复电化学性能。

新蓄电池长时间储存时,需注意的事项有以下几种:

①置于干燥、阴凉、无霜冻的房间的托盘上,电池或单体应用物品遮盖。

②以 I5 电流放电,截至电压为平均 1.0 V/单体。

③用黄色运输塞代替标准通风阀。

④电池单体不叠放。

⑤温度不超过 30 ℃。

⑥电池单体避免阳光直射。

辅助逆变器检查的要点体现在以下 5 个方面:

①检查辅助电源装置部件箱体外部有无损伤,检查固定螺丝有无松动现象,连接有无破损、防水装置是否良好。

②辅助逆变器控制逻辑部安装牢固、接线无松动、各板卡插接良好、光缆无压折等,如图 8.10 所示。

③检查温度传感器安装、蓄电池控制接触器、扩展供电接触器接线及外观是否良好。

④检查接触器灭弧罩安装状态,内部应无烧损突起物。主触头接触面不滑、无烧蚀,如图 8.11 所示。

⑤检查功率单元的散热片表面清洁,如图 8.12 所示。

图 8.10　辅助逆变器逻辑部

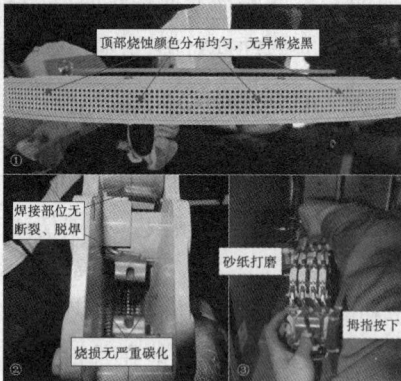

图 8.11　SIV 接触器检查

顶部烧蚀颜色分布均匀，无异常烧黑

焊接部位无断裂、脱焊

砂纸打磨

拇指按下

烧损无严重碳化

图 8.12　SIV 接功率单元的散热片检查

【任务实施】

1. 在车辆检修现场按要求对辅助逆变器的控制逻辑部进行检查。

2. 在车辆检修现场按标准对蓄电池进行检查、清洁工作。

3. 在车辆检修生产现场对辅助逆变器的故障处理方法进行确认。

【效果评价】

评价表

项目名称	辅助电源系统常见故障处理	学生姓名	
任务名称	任务 3　辅助电源系统常见故障的处理方法及预防措施	分　　数	
项　目		分　值	考核得分
1. 城轨车辆辅助电源故障处理方法的知识、图片的搜集、整理		10	
2. 是否有小组计划		5	
3. 辅助逆变器故障处理方法的认知情况		25	
4. 蓄电池日常检查保养的认知情况		25	
5. 辅助逆变器设备检查要点的认知情况		20	
6. 编制学习汇报报告情况		10	
7. 基本素养考核情况		5	
教师简要评语：			

教师签名：

项目小结

通过本章学习,掌握轨道交通车辆辅助电源系统的结构及部件功能;掌握辅助逆变器、蓄电池常见的故障现象及原因;学会辅助逆变器、蓄电池一般故障处理方法及日常维护工作。

思考与练习

1.举例说明轨道交通车辆辅助电源系统常见的故障现象。
2.说明蓄电池组的日常检查要点。

项目9 列车控制与诊断系统常见故障处理

【项目描述】本项目主要以日立公司的产品为例介绍轨道交通车辆控制与诊断系统结构及功能；控制与诊断系统的常见故障现象及原因；控制与诊断系统的一般常见故障的处理方法及日常检查与预防措施等。

【学习目标】通过学习要求熟悉轨道交通车辆控制与诊断系统结构及各部分功能；掌握控制与诊断系统的常见故障现象，能分析、处理一般的故障；掌握控制与诊断系统的故障分析、处理方法及日常的检查与预防措施等。

【技能目标】熟悉日立公司的控制与诊断系统结构；能处理一般的控制与诊断系统的故障；掌握一般日常的部件检查要点。

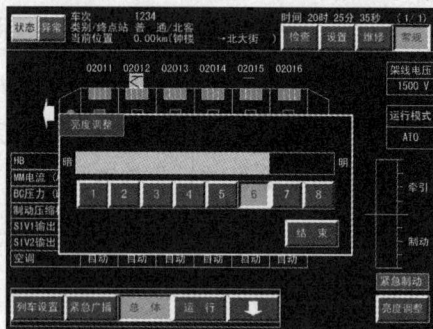

任务1 列车控制与诊断系统的组成及工作原理

【活动场景】在车辆检修现场讲解（或使用多媒体展示）城轨车辆控制与诊断系统的组成。

【任务要求】掌握城轨车辆控制与诊断系统的组成及部件的主要功能。

【知识准备】

列车控制与诊断系统（或称列车管理系统）是将列车的各个子系统及相关外部控制电路的信息进行读取、编码、通信传递、数据逻辑运算及输出控制的一个计算机网络系统。该系统就好比人类的神经系统，能通过手和眼睛对自身所处的状态、外部环境进行感知和控制，并对不同情况作出一定反映。而在列车上，该系统则是对列车的供电状况、速度、列车运行模式等状态信息进行实时监控和识别，并根据读取到的列车驾驶人员发出的指令信息，对列车上各个子系统发出相关控制指令，进而使各子系统产生相应的调整控制，以符合设定的功能要求，从而实现对列车的有效控制。同时，对列车主要设备的运行状态进行自动检测、记录和显示。当这些设备在运行中出现故障时，通过人机直接对话形式达到短时间内有效的诊断列车故障的智能系统。受监控的设备包括 VVVF 逆变器、辅助电源装置、制动装置、空压机、空调装置、客室电动门和 ATP 等设备。

列车控制和诊断系统具有列车控制级和车辆控制级功能的多台计算机系统和一些专门开发的高处理速度的微机组成。目前,国内以西门子、庞巴迪、三菱、日立等公司的产品为主,国内南车株洲时代自主开发的列车网络监控系统也广泛应用于重庆、昆明等新兴的城市地铁车辆。本文列车控制和诊断系统以日立公司的 ATI(Autonomous decentralized Train Integrated)系统进行结构、功能方面的主要讲解,其他产品在控制、网络传输方面有较大的不同之处,但其功能基本一样。

日立公司的 ATI 系统具有控制指令传输、列车状态显示、异常检测、车上检查等功能。实现此功能需通过串行传输与其他主要设备进行循环传输。ATI 系统的主干传输为双重系统,当一处发生故障时可以通过迂回控制继续进行信息收发,以此确保车辆的冗余性。

(1)ATI 系统由以下设备构成

1)列车级设备

- ATI 中央控制单元(ATI 中央局,位于 Tc 头车,见图 9.1)
- ATI 终端控制单元(ATI 终端局,位于中间每节车,见图 9.2)
- 司机台显示器(位于 Tc 头车司机室,见图 9.3)

图 9.1 ATI 中央控制单元　　图 9.2 ATI 终端控制单元　　图 9.3 司机台显示器

2)车辆级设备

通过 RS-485 串行传输或接点信号主要与以下设备交换信息。

①电气牵引控制单元。

②空气制动电气控制单元。

③列车空调控制单元。

④列车车门控制单元。

⑤列车辅助电源控制单元。

⑥列车广播系统。

⑦乘客信息显示系统。

⑧ATO 车载信号设备。

(2)ATI 中央控制单元

ATI 中央控制单元具有以下功能:

①通过主干传输与其他车辆的终端控制单元、中央控制单元进行信息交换。

②通过 RS-485 对设备传输与该车辆的主要设备进行信息交换。

③异常检测与显示、记录。

④牵引、制动指令的传输。

⑤累计行驶距离的记录。

⑥司机台显示器的信息显示。

⑦自检功能。

⑧通过 RS-232C 与 PC 机的接口。

⑨RS485 接口。

⑩故障信息、检查记录、累计信息等记录数据可以通过便携式测试单元 PTU 读取。

ATI 监控对象包括以下设备：

①VVVF 逆变器系统。

②辅助电源系统。

③空气制动系统。

④空调系统。

⑤客室电动门。

⑥司机室侧门信号。

⑦列车广播设备和乘客信息系统。

⑧网压、网流及高速断路器的分/合状态(均由 VVVF 或 SIV 等其他设备传送过来)。

⑨司机控制器及其他控制信号。

⑩紧急报警信号。

⑪ATO 信号及车载 ATP 给出的接点信号。

(3)ATI 装置系统构成

ATI 装置系统构成如图9.4 所示。

列车运行时，通过主控单元端的中央控制单元向其他车辆的终端控制单元、中央控制单元传输控制指令信息。基本上以 Tc1(头车)端为主控单元，当检测到主控单元故障时，子单元作为主控单元开始工作。各车辆的中央控制单元、终端控制单元收发的数据通过基干传输通道向其他车辆的中央控制单元、终端控制单元发送。ATI 将从司机控制器接收到的牵引、制动指令发送给各车辆的 VVVF 装置、制动装置。

ATI 系统的基干传输为双重系统，当一处发生故障时可以通过迂回控制继续进行信息收发，以此确保车辆的冗余性。

【任务实施】

1.在车辆检修现场识别 ATI 系统各部件的名称及位置。

2.在车辆检修现场对 ATI 系统显示器的界面进行认知。

3.在车辆检修生产现场对 ATI 系统的网络控制进行认知。

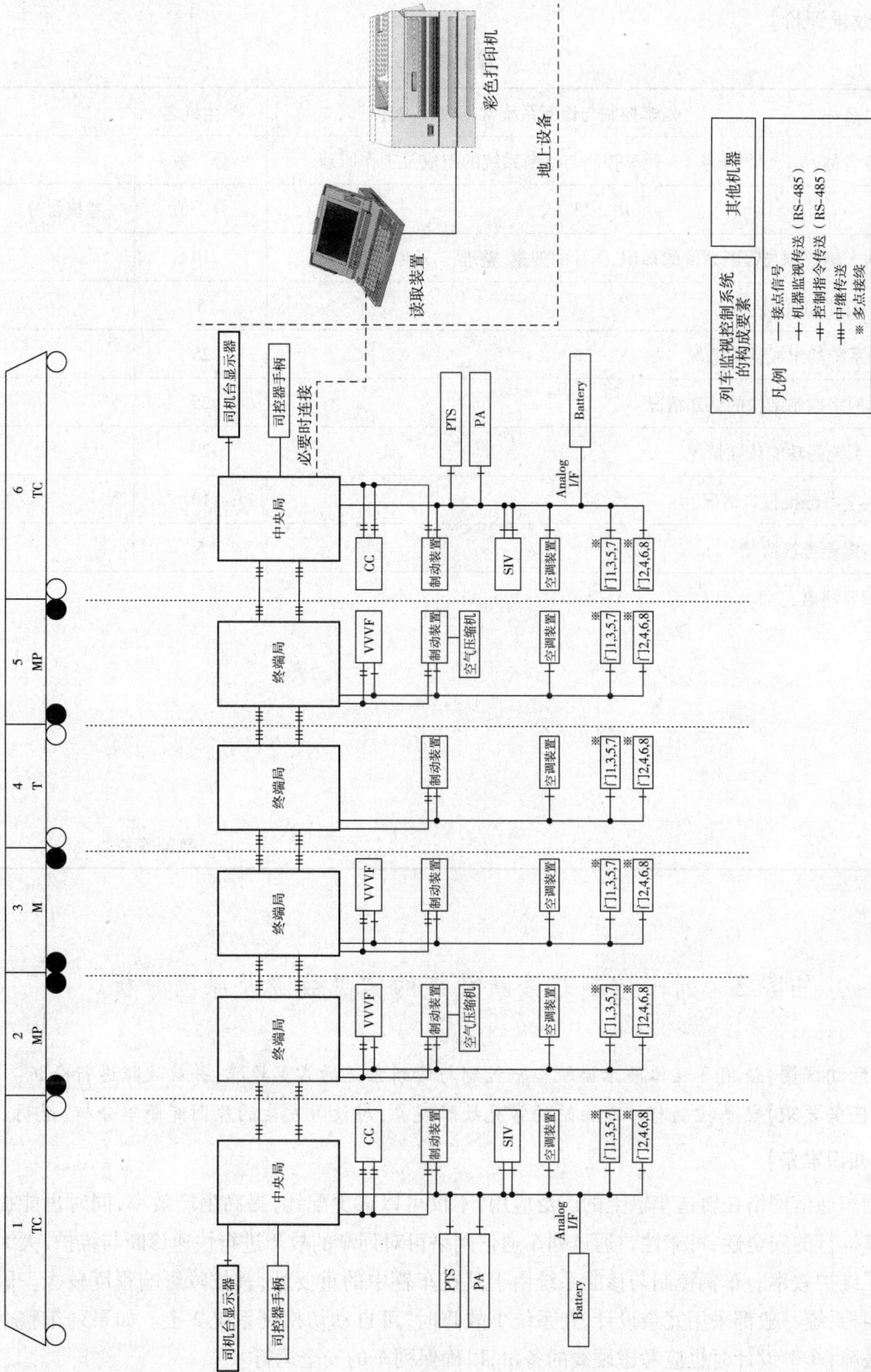

图 9.4 ATI 装置系统构成图

103

【效果评价】

评价表

项目名称	列车控制与诊断系统常见故障处理		学生姓名	
任务名称	任务1 列车控制与诊断系统的组成及工作原理		分　数	
项　目			分　值	考核得分
1.城轨车辆控制与诊断系统的知识、图片的搜集、整理			10	
2.是否有小组计划			5	
3.ATI 系统的组成认知情况			25	
4.ATI 网络控制结构的认知情况			25	
5.ATI 系统的功能认知情况			20	
6.编制学习汇报报告情况			10	
7.基本素养考核情况			5	
教师简要评语： 教师签名：				

任务2　列车控制与诊断系统的常见故障及原因分析

【活动场景】使用多媒体展示城轨车辆控制与诊断系统的常见故障,并就故障进行分析。

【任务要求】熟悉控制与诊断系统的常见故障现象,对故障发生的原因能简单分析、说明。

【知识准备】

列车通信网络在轨道车辆上的广泛应用,不仅可以减少配线,提高生产效率,同时也能提高列车运行的安全性、可靠性。通过列车通信网络可对列车的故障进行快速诊断与维护,大大提高了维护效率。车辆控制与诊断系统由于其在车辆中的重要性,其故障影响程度较大。因此,本身系统一般都采用冗余设计,在系统 1 故障时,可自动切换到系统 2 上。如果列车整个网络故障,车辆设计时也应考虑硬线的备份,以确保列车的安全运行。

车辆控制与诊断系统的常见故障一般有监控显示屏故障、控制板卡故障、连接插头故障以及控制软件故障等。

（1）监控显示屏故障

监控显示屏故障有触摸无应答、显示屏黑屏、亮度不能调整、显示屏蜂鸣器不响或者是连响以及显示屏表面破损等常见故障。

显示屏黑屏现象的原因有两种可能：一种是显示屏本身的故障；另一种是显示屏控制电源的故障。

触摸无应答、亮度不能调整、显示屏蜂鸣器的故障需要更换显示屏，或者对其中功能失效的部件进行更换处理。

显示屏显示车号和图形不完整、信息有错误等现象，一方面要检查控制系统软件；另一方面检查显示屏是否存在故障。

显示屏表面破损一般属人为破坏，通常是使用了硬质东西敲击所致，如图9.5所示。

图9.5　显示屏表面破损

（2）控制板卡故障

控制与诊断系统经常会误报一些故障，俗称"假故障"，这可能是控制系统板卡存在一定的设计缺陷，需要调整板卡电子元件的设定参数，使之不受外界环境的影响，工作状态保持平稳。

控制板卡故障还表现在维护过程中，作业人员未按照标准执行人为造成板卡电路方面的损伤、电子器件的击穿等。

（3）连接插头故障

通信电缆插头与板卡连接松动、插针插接不良等也是一种常见的故障现象。这种故障隐蔽性强，故障点不便于查找，故障现象也时有时无，在运营中值得重视。

（4）控制软件设计故障

软件故障通常表现在系统工作不稳定、运行中易出现黑屏、系统重启、死机、某些功能失效等现象。软件的修改要经过反复的试验证明才能安装应用。

【任务实施】

1.在车辆检修现场对列车监控系统的显示屏进行操作。

2．在车辆检修现场对系统的板卡进行拆卸、安装。

3．在车辆检修生产现场对系统的故障现象进行认知。

【效果评价】

评价表

项目名称	列车控制与诊断系统常见故障处理		学生姓名	
任务名称	任务2　列车控制与诊断系统的常见故障及原因分析		分　　数	
项　　目			分　值	考核得分
1．城轨车辆控制与诊断系统故障的知识、图片的搜集、整理			10	
2．是否有小组计划			5	
3．列车控制与诊断系统显示屏故障的种类及现象的认知情况			25	
4．列车控制与诊断系统板卡类故障现象的认知情况			25	
5．列车控制与诊断系统软件故障现象的认知情况			20	
6．编制学习汇报报告情况			10	
7．基本素养考核情况			5	
教师简要评语：				
				教师签名：

任务3　列车控制与诊断系统常见故障的处理方法及预防措施

【活动场景】使用多媒体展示城轨车辆控制与诊断系统常见故障的处理方法。

【任务要求】通过学习掌握城轨车辆控制与诊断系统常见故障的处理方法，并根据检查要点对该系统进行日常的检查作业。

【知识准备】

城轨车辆控制与诊断系统具有自诊断功能，可以识别系统部件的异常状况，进行判定。故障发生时通过系统显示屏来提示司机和维修人员。系统所记录的事件、跟踪的数据等信息可以通过中央控制单元的 RS-232 端口进行下载。事件故障附带速度、牵引/制动指令、车门状态等环境数据,通过读取软件将下载的数据还原成可用于分析故障的故障记录表和相关的模拟量/数字量图形,可以在通用的 PC 机上完成。

监控显示屏故障,目前还需返回厂家或有专业资质的厂家进行故障修复。而控制板卡类的故障在运营维修单位通过备件互换的方式恢复车辆故障,故障的备件需返回生产厂家进行维修、测试。

网络控制系统中一种常见的故障处理方法就是对系统断电后重新上电启动,系统大多数具备复位功能按钮。在日常运营中,控制与诊断系统故障时,司机一般通过该种方法来恢复故障。如果故障消除,继续运营;否则,有可能是系统本身硬件方面发生了故障,需要车辆回库后检查。

网络控制系统的连接插头在运营中由于震动或其他人为因素导致松动,有可能会造成通信时断时续、故障时有时无的情况发生,这类事件必须引起运营维护部门的重视。

控制与诊断系统在日常维护中进行外观及功能性的检查,一般检查的要点有以下几种:

①控制单元外观良好、各连接插头螺丝紧固、板卡无松动,如图9.6所示。

②定期对控制单元板卡进行除尘清洁。

③控制单元拆连接插头时,均等地松开两端的螺钉保持水平拆下连接插头。另外,安装时也要均等地拧紧两端的螺钉,水平安装。连接插头倾斜状态安装会导致接触不良及连接器的损伤。

④控制板卡检查时不要触碰印刷电路,注意避免撞击、避免滴上水、油等液体。

图9.6　列车控制系统外观

⑤检查控制单元箱内布线是否有损伤的情况,如有则进行更换。

⑥检查控制单元显示屏外观有无异常,屏表面有无明显损伤,触摸开关的应答灵敏度。

【任务实施】

1.在车辆检修现场下载列车监控系统的故障存储信息。

2.在车辆检修现场按要求对列车监控系统进行外观检查。

3.在车辆检修生产现场对模拟列车监控系统故障进行认知。

【效果评价】

评价表

项目名称	列车控制与诊断系统常见故障处理		学生姓名	
任务名称	任务3　列车控制与诊断系统常见故障的处理方法及预防措施		分　数	
项　目			分　值	考核得分
1.城轨车辆控制与诊断系统故障处理方法的知识、图片的搜集、整理			10	

续表

项　　目	分　值	考核得分
2.是否有小组计划	5	
3.列车控制与诊断系统故障处理的方法的认知	25	
4.列车控制与诊断系统日常检查要点的掌握情况	25	
5.列车控制与诊断系统板卡类检查要点的掌握情况	20	
6.编制学习汇报报告情况	10	
7.基本素养考核情况	5	
教师简要评语： 　　　　　　　　　　　　　　　　　　　　　　　　教师签名：		

项目小结

　　通过本章学习,掌握轨道交通车辆控制与诊断系统的结构及部件功能;掌握控制与诊断系统常见故障和故障原因;掌握控制与诊断系统常见故障处理方法及预防措施等。

思考与练习

　　1.举例说明轨道交通车辆控制与诊断系统常见的故障现象。
　　2.说明控制与诊断系统控制单元板卡检查的要点。

项目 10　列车控制电路常见故障处理

【项目描述】本项目主要介绍城轨道交通车辆牵引控制、受电弓控制等电路的工作原理；控制电路的常见故障现象和原因分析；控制电路的常见故障处理方法及预防措施等。

【学习目标】学习掌握轨道交通车辆牵引控制、受电弓控制等电路的工作原理；掌握控制电路的常见故障现象和发生原因；掌握控制电路的常见故障的处理方法及预防措施等。

【技能目标】能够掌握牵引控制、受电弓控制等电路的工作原理；处理一般的控制电路故障，并进行电路分析说明；掌握控制电路的常见故障的处理方法及日常检查、维护工作。

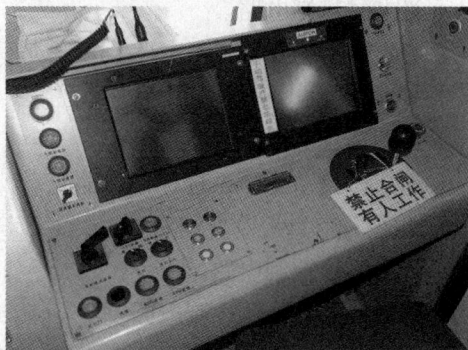

任务 1　列车控制电路的组成

【活动场景】使用多媒体展示城轨车辆控制电路组成。

【任务要求】通过学习掌握城轨车辆控制电路组成及主要电器元件的作用。

【知识准备】

现阶段城轨车辆大都引入了网络控制，但是由于硬线电路具有极高的可靠性和可维护性，因此，在车辆电气设计中仍然大量采用硬线电路来实现其功能。该电路控制方式，是通过一系列开关元件（主要是继电器）的"接通"和"断开"来传递控制与检测信号，从而实现列车各级的控制。

一般的控制电路电压以 DC110V 为主，主要电器元件有继电器、行程开关、按钮开关、旋钮开关、微型断路器以及连接用的导线等。

继电器是实现各项逻辑功能的主要部件，通过确定继电器的线圈得电吸合的条件以及其触头开关所关联的功能电路，则可以实现一定逻辑的电路逻辑功能。

按钮就是将操作部位沿其轴向用手按下或拉出开关接点的操作开关。有带指示灯和不带指示灯两种按钮。

微型断路器实际上是一种特殊的保护开关，也称为自动空气开关。可用来接通和分断负载电路,也可用来控制不频繁启动的电动机,是低压配电中一种重要的保护电器。

①城轨车辆控制电路按系统分为以下几种:

a. 司机室控制电路。

b. 牵引控制电路。

c. 制动控制电路。

d. VVVF 牵引逆变器控制电路。

e. 空压机控制电路。

f. 受电弓控制电路。

g. SIV 静止逆变器控制电路。

h. 扩展供电电路。

i. 照明控制电路。

j. 列车监控与诊断系统控制电路。

k. 监视及信息控制电路。

l. 信号系统控制电路。

m. 空调、电热装置控制电路。

n. 辅助设备(火灾报警系统、刮雨器、汽笛等)控制电路。

o. 车门控制电路。

p. 其他设备控制电路。

②城轨车辆在设计时,按照行业相关标准,对车辆系统、电器部件进行了统一的代码设定。由于目前国内在城轨设计标准方面没有统一,不同设计厂家存在一定的差异,以下是长春客车轨道股份有限公司(CRC)的电路相关规定。

(1)车辆系统代码

车辆系统代码见表10.1。

表10.1　车辆系统代码

代　码	名　称
10	主电路
20	牵引及制动控制
30	辅助电路
40	监视及信息系统
50	照明系统
60	空调系统
70	辅助设备
80	门控系统
90	特殊设备

（2）电器部件的代码

电器部件的代码见表 10.2。

表 10.2 电器部件的代码

代 码	名 称
BS	扬声器
C	电容器
EH	电热器
EL	照明灯具
FU	熔断器
FV	过压保护装置
GB	蓄电池
HA	声响指示器
HL	指示灯
KA	继电器
KM	接触器
KT	时间继电器
L	电抗器
M	电动机
PA	电流表
PC	脉冲计数器
PV	电压表
QF	断路器
QS	隔离开关
R	电阻
SA	转换开关
SB	按钮开关
SP	压力传感器
SR	速度传感器
ST	温度传感器
TA	电流互感器
TM	变压器
TV	电压互感器

续表

代 码	名 称
V	二极管
X	连接器
YV	电磁阀
XS	单三相插座

【任务实施】

1. 在车辆检修现场识别控制电路相关电器元件。

2. 在车辆检修现场对控制电路继电器进行功能讲解。

【效果评价】

评价表

项目名称	列车控制电路常见故障处理		学生姓名	
任务名称	任务1　列车控制电路的组成		分　数	
项　目			分　值	考核得分
1. 城轨车辆控制电路的知识、图片的搜集、整理			10	
2. 是否有小组计划			5	
3. 控制电路的电器元件组成的认知情况			25	
4. 城轨车辆控制电路按系统的分类情况			25	
5. 常见电器元件的代码掌握情况			20	
6. 编制学习汇报报告情况			10	
7. 基本素养考核情况			5	
教师简要评语：				
			教师签名：	

任务 2　列车控制电路的常见故障及原因分析

【活动场景】使用多媒体展示城轨车辆控制电路常见故障及原因分析。

【任务要求】理解城轨车辆控制电路的工作原理,对常见故障能进行原因分析。

【知识准备】

城轨车辆控制电路在日常运营中经常发生,按故障原因分为人为造成的接线错误、接线松脱等故障,还有电器部件本身性能方面的故障。电路故障对运营影响较大,尤其在运营中发生的牵引、制动、受电弓、车门控制等故障时将直接会引起列车清客、下线以至于救援等事件发生。

城轨车辆控制电路在日常生活中经常因接线或继电器故障引起列车不能激活、牵引封锁、紧急制动不能缓解以及车门不能打开的故障发生。图 10.1 为常见的列车继电器。

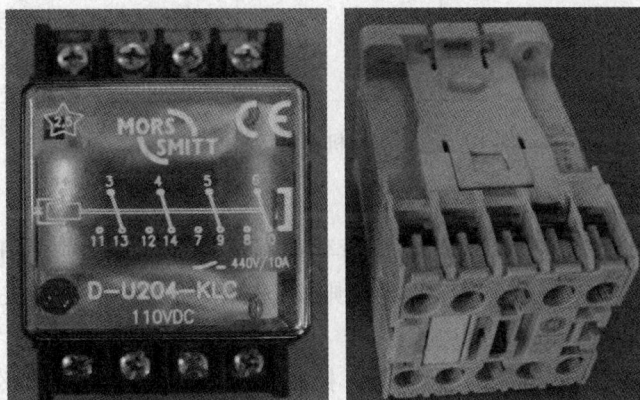

图 10.1　常见的列车继电器

继电器故障主要表现在以下几个方面:

①继电器动作卡滞。

②联锁触头接触不良。

③联锁触头不能分断。

接线的故障有以下几种:

①接线错误。

②虚接。

③线头有毛刺。

下面就电路控制常见故障进行分析讲解:

(1)列车司机台激活控制电路

列车司机台激活控制电路(Bombardier 公司生产的 A 型车),如图 10.2 所示。

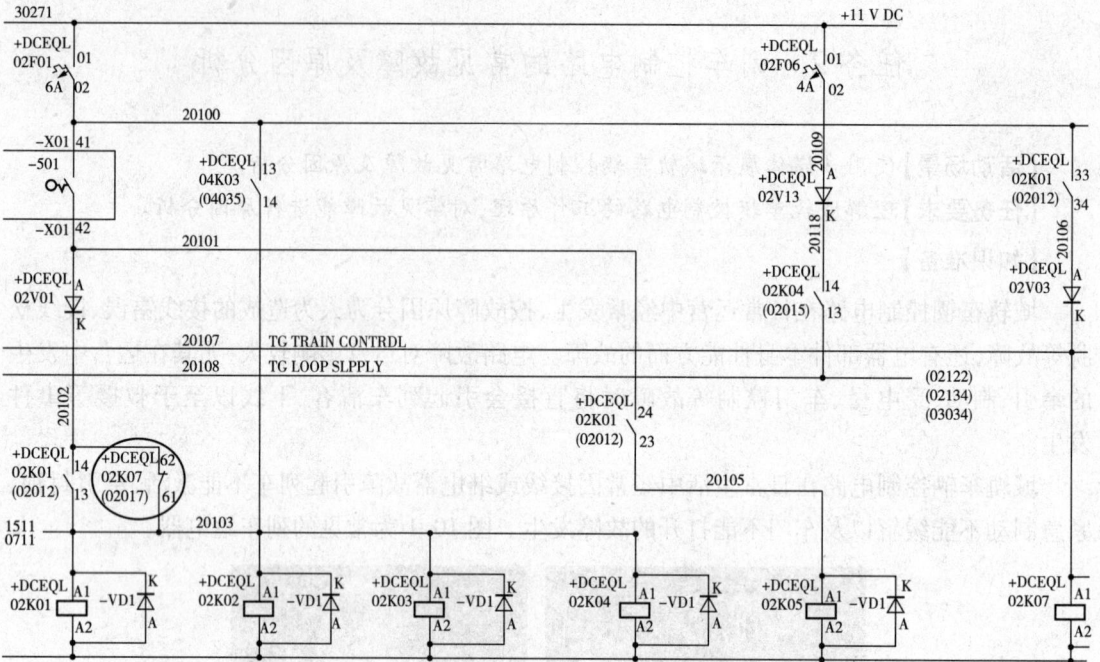

图 10.2　列车司机台激活控制电路图

1）电路工作原理

当列车合蓄电池激活开关 03S01 后，列车控制供电线 30 271 则有 DC110 V 电压。当 02F01 处于合位，司机台主控锁转至启动位，则使 02A01 的 S01 行程开关闭合，进而可以使 02K01 ~ 02K05 列车控制继电器得电。

当启动司机室的这些继电器激活后，列车控制线（20107）由继电器 02K01 触点 33—34 接通。所以 A 车的 02K07 车辆控制继电器通过这条列车控制线被接通。由于该线为贯穿到另一端 A 车司机室，并直接使另一端 A 车司机室的 02K07 得电，使其 61—62 触点断开，则另一端 A 车司机室的 02K01 ~ 02K05 不能得电，这样即实现了防止另一个司机室被激活的功能。

在特殊运行模式（自动运行时的折返）时，以上提到的钥匙功能就被 04K03 触点 13—14 所取代（只有 02K01 ~ 02K04 被接通）。

2）继电器 02K07 61—62 触点接线松脱故障分析

继电器 02K07 61—62 触点接线松脱导致司机台不能激活的故障分析：

根据上面描述的电路工作原理，可以清楚地看到当继电器 02K07 61—62 触点任一接线松脱，都会导致 02K01 ~ 02K05 列车控制继电器不能得电，司机台无法激活的情况发生。

（2）**受电弓控制电路**

受电弓控制电路，如图 10.3 所示。

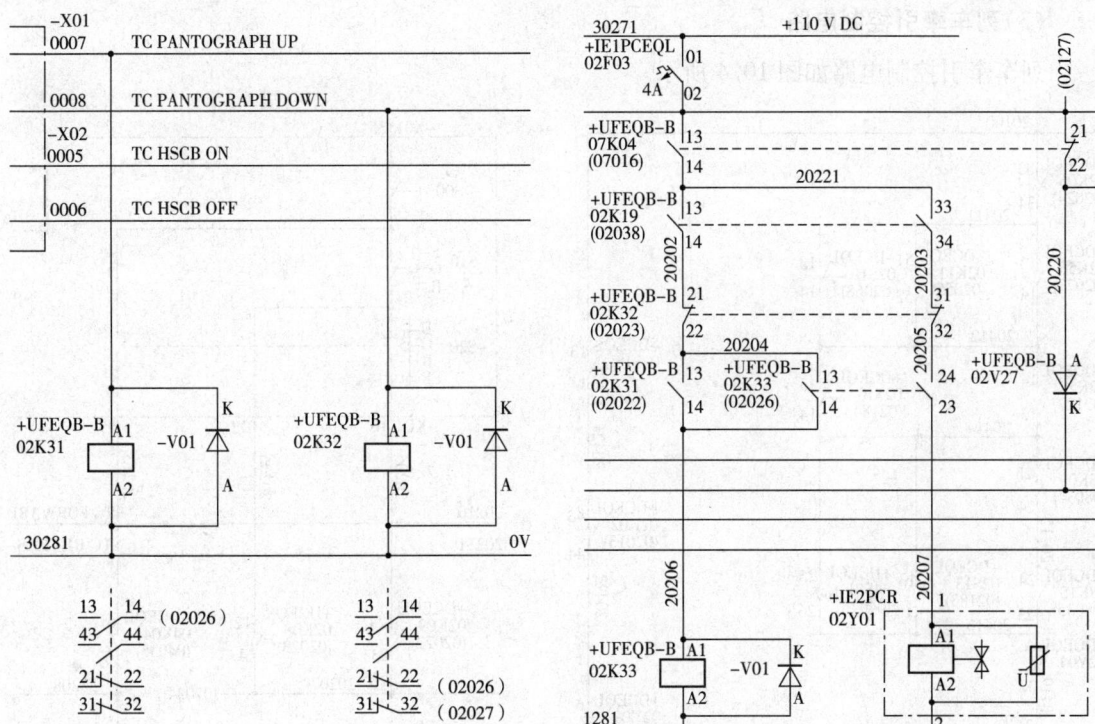

图 10.3　受电弓控制电路图

1)电路工作原理

当需进行升弓操作时,首先按下"受电线升弓"按钮,"受电弓升"列车控制线则被接通;该线将使继电器 02K31 闭合;而升弓控制继电器 02K33 通过继电器 02K31 触点 13—14 得电并互锁,则继电器 02K33 通过继电器 02K33 触点 13—14 保持不变。而通过触点 02K33 23—24 触点激活 02Y01 电磁阀,受电弓就可以被压缩空气推动升弓。当需进行降弓时,在司机室副台按压 02S02 按钮,"受电弓降"列车控制线被接通,并通过该控制线传递到 B 车的 02K32 继电器,使其闭合接;通过触点 02K32 21—22 和 02K32 31—32 切断 02Y01 阀和 02K33 继电器,这样受电弓就会降到最低的端部位置。同样,当 02K19 或 07K04 失电后,受电弓也将降弓。

02K33 和 02Y01 得电的另外需具备的条件如下:

02K19 继电器得电("紧急断开安全回路"没有中断或"紧急停车按钮"没有被按下);

07K04 继电器得电(从 PH 箱单元输出受电弓升弓使能信号)。

2)受电弓不能升起的故障原因分析

①检查 MRE(主风缸)压力不足(司机台上的压力表指针是否大于 350 kPa)。

②B 车车下高压箱的隔离和接地开关不在受电弓供电位使 07K04 继电器不得电。

③受电弓气路控制阀未打开(电路正常,但气路被关断)。

④司机台"紧急停车按钮"被按下,由于紧急停车按钮与受电弓有联锁,将导致 02K19 继电器不得电。

以上情况都会导致受电弓不能升起,根据现场情况来综合分析判断。

(3)列车牵引控制电路

列车牵引控制电路如图10.4所示。

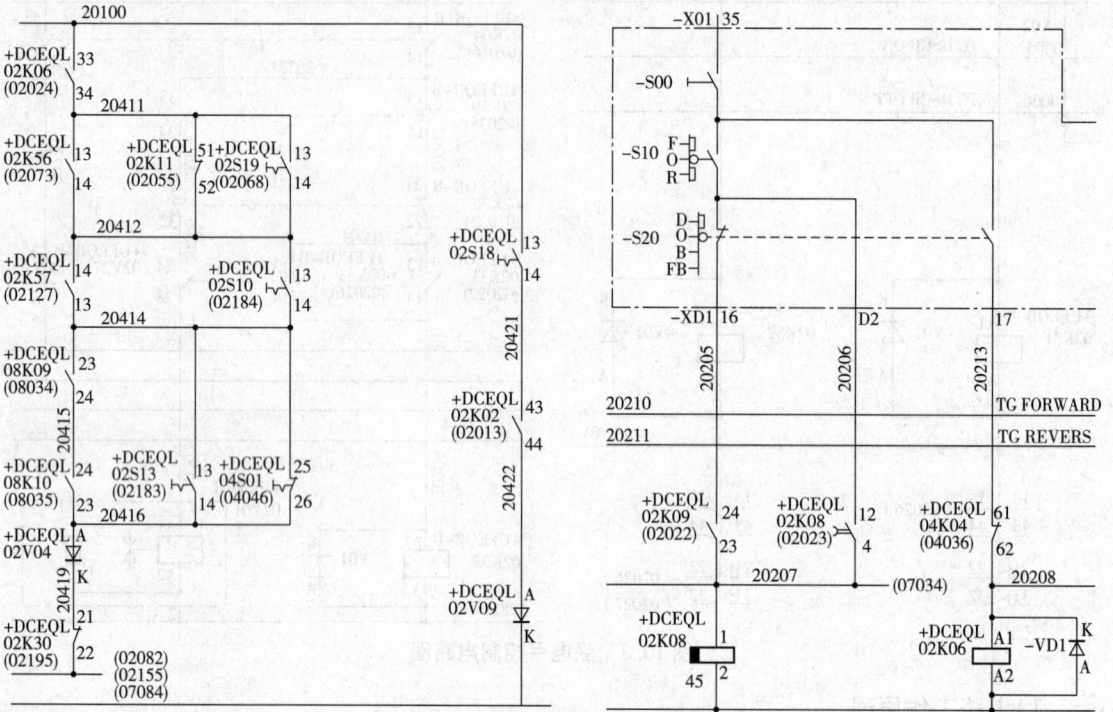

图10.4 列车牵引控制电路图

1)牵引电路控制原理

当列车需要建立人工牵引模式时,司机则需将牵引制动手柄推至牵引区,此时由于ATO模式没有激活,4K04断开,其触点61—62闭合,司机需要一直按压警惕按钮,则可使02K06被激活。而自动运行(04K04,触点53—54接通)时,牵引继电器02K06(牵引继电器)被04A06 ATC系统(自动牵引控制)控制接通。在02K06得电吸合后,其33—34触点闭合,同时在主风缸压力值达750 kPa,停放制动处于分位,客室车门均关好,列车各系统均正常,列车VTCU不会给出牵引使能继电器02K30激活信号,则牵引回路构成,并使牵引指令线20417得电,并输入到A车的DX模块及电子制动控制单元,进而建立牵引模式。同时牵引指令大小则由司机控制器通过AX模块传输给VTCU,并由VTCU传递到逆变器输出力矩,进而实现牵引动车。

2)列车不能牵引的故障原因分析

①牵引时警惕按钮未被按压下使02K06不得电导致不能牵引。

②主风缸压力值低于750 kPa使02K56不得电导致不能牵引。

③停放制动未缓解使02K057不得电导致不能牵引。

④客室车门未关好使08K09(左侧门关好继电器)、0810(右侧门关好继电器)不得电导致不能牵引。

⑤VTCU(列车控制单元)的牵引封锁,导致 02K30 继电器不得电不能牵引。

(4)常见故障

常见故障还有紧急制动不能缓解、车门不能打开等控制电路故障,本书就不再详细列举。

紧急回路采用得电缓解,失电制动的形式。当紧急制动回路断开时,所有车辆的牵引将被切断。任何以下装置的动作均会断开紧急制动回路,使每辆车的紧急制动电磁阀失电,从而施加紧急制动,发生紧急制动时可参考以下内容来分析判断。

①触发司控器中的警惕装置。

②按下司机室控制台上的紧急制动按钮(击打式按钮)。

③列车脱钩。

④总风欠压。

⑤紧急制动电气列车线环路中断或失电。

⑥DC110V 控制电源失电。

⑦ATO 系统发出紧急制动指令。

⑧ATP 系统发出紧急制动指令。

⑨当列车运行时,如方向手柄拉至"0"位,则列车产生紧急制动。

【任务实施】

1.在车辆检修现场能够对受电弓控制电路的故障进行排查。

2.在车辆检修现场对列车牵引控制的故障进行排查。

【效果评价】

评价表

项目名称	列车控制电路常见故障处理	学生姓名	
任务名称	任务 2　列车控制电路的常见故障及原因分析	分　数	
项　目		分　值	考核得分
1.城轨车辆控制电路常见故障的知识、图片的搜集、整理		10	
2.是否有小组计划		5	
3.对列车激活电路原理的认知情况		25	
4.对列车受电弓控制回路的工作原理认知情况		25	
5.对列车牵引控制回路的工作原理认知情况		20	
6.编制学习汇报报告情况		10	
7.基本素养考核情况		5	

续表

教师简要评语：
教师签名：

任务3　列车控制电路常见故障的处理方法及预防措施

【活动场景】使用多媒体展示城轨车辆控制电路常见故障的处理方法及日常检查事项。

【任务要求】掌握城轨车辆控制电路常见故障的处理方法和日常检查要点。

【知识准备】

城轨车辆控制电路故障的处理首先要懂控制电路的工作原理，懂电工的基本知识，能熟练使用万用表等测量工具测量电路，从而在处理故障时能够清楚地知道是哪个元器件或者线路出现了故障，并及时采取相关的处理方法。

处理控制电路故障，首先要对故障现象进行全面掌握，某个继电器故障可能会引起多个系统的故障。比如零速继电器线圈不得电故障，没有"0速"信号，车门电路使能线为0，车门便打不开；没有"0速"信号，紧急制动无法缓解。因此，如果发生既不能打开车门，又无法缓解紧急制动时，首先应考虑零速继电器的问题。因此，当遇到控制电路方面的故障时，应对列车的功能进行全面的了解后再综合分析考虑。

控制电路有些故障受环境的影响（列车震动、天气潮湿等）时有时无，判断起来比较困难。这种故障要对整个控制电路进行逐项排查，从而找到导致故障的可能原因。

控制电路属元器故障时，可通过更换同型号的新型电器元件来恢复故障。而有些可能是电路本身设计方面的缺陷所导致，这个就要重新更改控制电路，实现必要的功能。在实际运营中，经常遇到继电器的故障，所以对于继电器的更换相当频繁。按钮、旋钮开关基本上为面板或扳键的损坏，也需要更换处理。继电器的故障主要原因有以下几方面：

①异物使继电器铁芯运动受阻导致卡滞现象。

②触头表面氧化或严重烧损导致继电器联锁接触不良，如图10.5所示。

③检验标准不完善不能发现继电器的故障应做到提前预防。

④寿命到期未更换。

⑤工作环境散热差，间隔排列越紧密，温度高导致故障多，如图10.6所示。

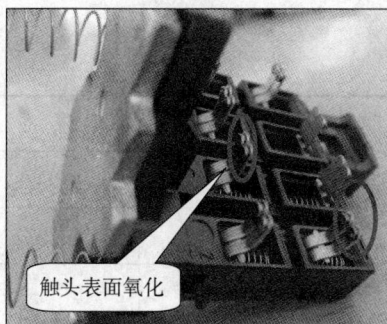

触头表面氧化

图 10.5　继电器触头表面氧化

图 10.6　继电器排列紧密

综上所述,日常对继电器的检查尤为重要,继电器的故障要提前预防,其基本措施有以下几个方面:

①定期进行吹尘,预防污尘堆积导致的活动部件转动(滑动)不灵活、触点电接触电阻大等故障。

②继电器负载时间越长、排列越紧密,则温度越高,同时故障率越高。继电器在设备箱内紧密排列,无间隔造成热量聚集。参照 ABB 公司继电器相关要求,环境温度高于 20 ℃时间隙应大于 2 mm,环境温度高于 40 ℃时间隙应大于 5 mm。所以要适当地调整继电器之间的间隙,保证继电器的散热效果。

③根据上海、广州地铁的维修情况,部分关键继电器使用寿命一般在 5 年左右,到期必须进行更换处理。

④选型质量更好的继电器进行更换。

列车控制类继电器数量庞大,种类较多,接线复杂,检修频繁容易导致其他人为的故障隐患,目前一般对该方面的检修主要采取专项检查和故障临修相结合的方式进行,做到提前预防。日常检查的要点如下:

a. 目视各电器外观良好、安装牢固;

b. 端子排接线用手轻轻拨,检查接线无松动、目视无毛刺外露。有毛刺外露时用斜口钳剪掉,有松动异常情况的用螺丝刀进行紧固;

c. 继电器、接触器、断路器、开关联锁的安装紧固,安全开关动作可靠、闭合到位;

d. 端子排的短接片连接紧固;

e. 年检时对关键继电器加电,观察继电器吸合和释放的情况,是否存在过慢或卡滞现象,重点为测试其各触头的接触电阻,对异常部件直接更换,以达到尽早排除故障隐患的目的。

f. 加强对司机台关键控制按钮的检查工作,检查接线牢固、各触头的接触电阻正常。

【任务实施】

1. 在车辆检修现场对故障继电器进行更换处理。

2. 在车辆检修现场对列车继电器进行外观检查。

【效果评价】

评价表

项目名称	列车控制电路常见故障处理		学生姓名	
任务名称	任务3 列车控制电路常见故障的处理方法及预防措施		分　数	
项　目			分　值	考核得分
1.城轨车辆控制电路常见故障处理方法的知识、图片的搜集、整理			10	
2.是否有小组计划			5	
3.继电器故障的主要原因的认知情况			25	
4.继电器故障的日常预防工作认知情况			25	
5.继电器日常检查要点的认知情况			20	
6.编制学习汇报报告情况			10	
7.基本素养考核情况			5	
教师简要评语：				
			教师签名：	

项目小结

　　通过本章学习,掌握轨道交通车辆控制电路的组成;掌握主要控制电路常见故障和故障原因;掌握控制电路常见故障处理方法及预防措施等。

思考与练习

　　1.举例说明轨道交通车辆控制电路常见的故障现象。

　　2.说明继电器的故障类型及预防措施。

项目 11 列车广播及乘客信息系统常见故障处理

【项目描述】该项目主要介绍轨道交通车辆列车广播及乘客信息系统组成及功能;列车广播及乘客信息系统的常见故障现象和原因分析;列车广播及乘客信息系统的常见故障处理方法及预防措施等。

【学习目标】学习掌握轨道交通车辆列车广播及乘客信息系统的组成及功能;掌握列车广播及乘客信息系统的常见故障现象和发生原因;掌握列车广播及乘客信息系统的常见故障的处理方法及预防措施等。

【技能目标】熟悉轨道交通车辆列车广播及乘客信息系统的组成及功能;能够处理列车广播及乘客信息系统的故障并对故障原因进行分析;掌握列车广播及乘客信息系统的日常检查及预防措施。

任务 1 列车广播及乘客信息系统的组成及功能

【活动场景】在车辆检修现场讲解(或使用多媒体展示)城轨车辆列车广播及乘客信息系统的组成及功能。

【任务要求】掌握城轨车辆列车广播及乘客信息系统的组成及主要功能。

【知识准备】

列车广播及乘客信息系统(简称 PIS 系统)由列车广播、乘客信息、实时新闻播放和客室电视监控系统(CCTV)组成。具有列车广播、实时新闻无线接入、车载乘客信息、多媒体节目播放、LCD 显示、客室电视监控等功能。

列车广播通信和乘客信息显示中的音频信号、视频信号经数字处理后变换成数据流,与系统控制信息一起以数据包方式分时在数字通信网络中传输,实现多类型信息流共享一个通信平台,实现了通信资源高度共享,为简化系统结构、增强系统功能、提高系统可靠性提供了有力保障。

列车广播及乘客信息系统设备主要包括视频控制器、音频控制器、车辆网络接口、摄像机、

LCD 监视显示器、17 inLCD 乘客信息显示器、17 inLCD 新闻信息显示器、终点站 LED 显示器、车体外侧 LED 显示器、车门上方 LED 显示器(显示动态路线图)、乘客紧急报警器、扬声器等,这些网络设备通过网络连接器挂接在通信网上,利用通信网络交换多媒体信息流,与网络周边设备一起完成系统全部功能。

(1)列车广播及乘客信息系统的组成

城轨列车广播及乘客信息系统包括车载视频监控系统、列车广播系统、车载乘客信息显示系统 3 部分,如图 11.1 所示。

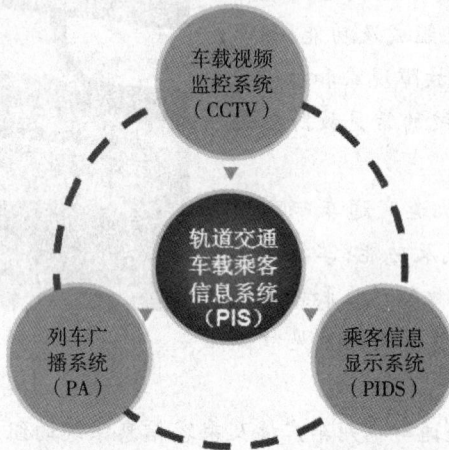

图 11.1　列车广播及乘客信息系统的组成

(2)列车广播及乘客信息系统主要设备

列车广播及乘客信息系统主要设备,部分如图 11.2、图 11.3、图 11.4 所示。

图 11.2　广播控制盒

图 11.3　防爆半球摄像机

图 11.4　LED 动态地图

1）司机室设备

①视频控制器。

②音频控制器。

③LCD 监视显示器。

④PIS 无线网络接口。

⑤司机控制单元。

⑥终点站 LED 显示器。

⑦广播监听扬声器。

⑧对讲监听扬声器。

⑨话筒。

2）客室设备

①车辆网络接口。

②摄像机。

③17 in LCD 显示器。

④客室Ⅰ型音箱。

⑤客室Ⅱ型音箱。

⑥乘客紧急报警器。

⑦LED 动态路线图显示器。

⑧车体外侧 LED 显示器。

（3）列车广播及乘客信息系统结构图

列车广播及乘客信息系统结构图如图 11.5 所示。

【任务实施】

1. 在车辆检修现场识别列车广播及乘客信息系统的主要部件及位置。

2. 在车辆检修现场对客室广播进行操作报站。

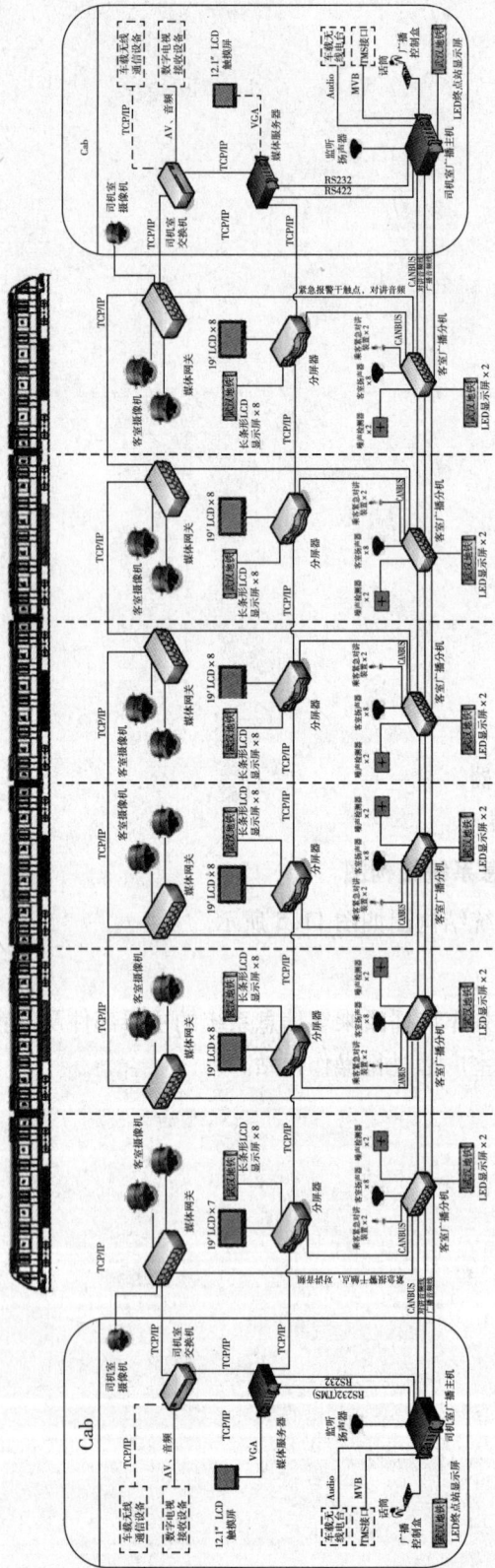

图 11.5 列车广播及乘客信息系统结构图

【效果评价】

评价表

项目名称	列车广播及乘客信息系统常见故障处理	学生姓名	
任务名称	任务1 列车广播及乘客信息系统的组成及功能	分数	
项　目		分　值	考核得分
1.城轨列车广播及乘客信息系统的知识、图片的搜集、整理		10	
2.是否有小组计划		5	
3.列车广播及乘客信息系统组成的认知情况		25	
4.列车广播及乘客信息系统主要部件的认知情况		25	
5.列车广播及乘客信息系统网络构成的认知情况		20	
6.编制学习汇报报告情况		10	
7.基本素养考核情况		5	
教师简要评语： 教师签名：			

任务2 列车广播及乘客信息系统的常见故障及原因分析

【活动场景】使用多媒体展示城轨车辆列车广播及乘客信息系统的常见故障,并对故障原因进行分析、说明。

【任务要求】能识别城轨车辆列车广播及乘客信息系统的常见故障,对该故障的产生原因能简单分析。

【知识准备】

列车广播及乘客信息系统是运营单位服务水平的体现,运营列车因广播不报站或报错站的故障引起旅客下错站的投诉是各运营单位时常有的事,特别是发生紧急情况时,因广播故障导致司机无法指引乘客采取安全措施将有可能导致安全事故的发生。因此,列车广播及乘客信息系统不光是服务质量的体现,还涉及运营的安全问题,也应引起足够的重视。

列车广播及乘客信息系统常见的故障主要表现在以下几个方面:

(1)客室单个 LCD 黑屏故障

在实际运用中,客室 LCD 黑屏故障很多,有些黑屏故障由于信号传输受干扰,通过重启或短时间可以自动恢复。大部分黑屏故障由内部模块故障引起的。

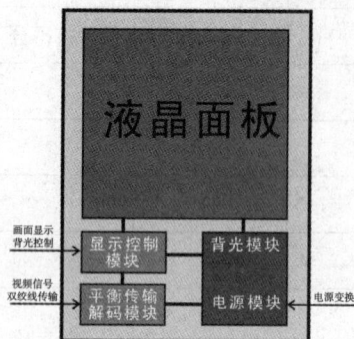

如图 11.6 所示,LCD 屏由液晶板、电源模块、背光模块、显示控制卡、平衡解码模块组成。由于列车工作环境的影响,在电源线和信号线上有时会叠加一定的干扰信号,再加之产品设计时防护措施不够完善,电压过高等因素导致显示控制模块的故障较多。

图 11.6 LCD 屏结构图

(2)全列车黑屏

全列车黑屏原因可能是片源没有发出、片源与分频器之间信号线连接故障。

(3)人工广播没有输出

列车广播系统常见的故障有人工广播无输出,故障原因可能是广播控制盒模块故障或广播中央控制器的故障,可通过相应指示灯的状态进行判断。

(4)广播报错站或不报站

一般情况下,列车的自动广播模式是列车广播系统通过广播控制盒设置起点站、终点站、下一站信息后,列车广播系统根据列车提供的 25 km 信号、开左右门信号、关门信号完成数字报站广播。因此,必须将起始站、终点站、下一站信息设置正确,"自动"广播模式才能正常进行。列车在起始站位置没有载客之前,即没有开门操作之前必须将起点站、终点站、下一站信息通过广播控制盒设置正确,然后进行开门、关门操作。当列车速度大于 25 km/h 时,列车广播系统进行离站广播;当速度低于 25 km/h 时,列车广播系统进行到站广播。

PIS 系统在列车运行过程中,实时向乘客提供到站、换乘、紧急等信息,但因其系统稳定性、设备故障、通信故障等原因,造成报站错误,换乘信息显示不正确等故障,给乘客出行带来不便。可能导致故障的原因有:

①列车控制系统提供的信号有误(如站间距、速度等信息)未触发广播系统。

②广播系统程序运行出现错误。

③广播系统通信控制板出现故障。

(5)摄像头的故障

摄像头的故障主要有个别位置模糊不清、图像全黑等现象,则需要更换摄像头。

(6)客室扬声器无声

一般是由于广播功率放大器故障,通过广播功率放大器控制板外表闪烁的指示灯可以判断出来,需要更换控制板。

（7）**列车广播及乘客信息系统**

列车广播及乘客信息系统常见的故障还有媒体播放系统视频流和音频流不同步现象、客室 LCD 显示卡阻等现象，一般通过软件升级、硬件改良等措施来恢复。

（8）**动态地图显示错误**

客室全列动态地图显示错误有可能是全自动模式下 HMI 运行区间设置错误或自动/手动模式下广播控制盒区间设置错误。

单个动态地图不显示时需要检查动态地图 LED 显示屏电源是否正常，本地动态地图控制单元是否正常，重现插拔动态地图 LED 显示屏连接器进行确认。

（9）**紧急报警器的故障**

当按下报警按键时，本车箱紧急报警器不能报警。如果本车厢两台紧急报警器有一台不能报警，则该紧急报警器有故障；两台都不能报警则需要检测控制线和客室对讲音频模块。

【任务实施】

1. 在车辆检修现场更换故障的客室 LCD 屏。

2. 在车辆检修现场更换客室 LED 动态地图。

【效果评价】

评价表

项目名称	列车广播及乘客信息系统常见故障处理		学生姓名	
任务名称	任务 2　列车广播及乘客信息系统的常见故障及原因分析		分　数	
项　目			分　值	考核得分
1. 城轨列车广播及乘客信息系统故障的知识、图片的搜集、整理			10	
2. 是否有小组计划			5	
3. 列车广播及乘客信息常见故障的认知情况			25	
4. 列车广播及乘客信息系统自动报站的工作原理的认知情况			25	
5. 列车广播及乘客信息系统广播不报站的原因分析			20	
6. 编制学习汇报报告情况			10	
7. 基本素养考核情况			5	
教师简要评语：				
			教师签名：	

任务3　列车广播及乘客信息系统常见
故障的处理方法及预防措施

【活动场景】使用多媒体展示城轨列车广播及乘客信息系统常见故障的处理方法及日常检查维护措施。

【任务要求】熟悉城轨列车广播及乘客信息系统常见故障的处理方法,按照要求对系统进行日常的检查维护工作。

【知识准备】

列车广播及乘客信息系统自身不具备事件记录的功能,这给该系统的动态故障跟踪带来了很大困难。另外列车广播及乘客信息系统内部接口多、复杂,其不能正确的诊断以及发出故障信息,不利于故障的查找。

列车广播及乘客信息系统动态故障很大一部分是由于插接件接触不良引起的故障。因此,选择可靠的紧固插接件是一项关键的工作。

列车广播及乘客信息系统由3大系统构成,各系统之间相辅相成,接口故障处理起来比较困难,因此对于各系统功能接口上要分清,那项功能是那个系统来实现完成的一定要界定清楚。

列车广播及乘客信息系统故障时,一般先通过重启电源来恢复故障,如遇到广播报错站、不报站时要重新设置站名,运行后看故障是否会消失。正线运营时,如自动广播故障可转为人工语音广播,最大化地减少故障对运营的影响。

为保证列车广播及乘客信息系统设备的正常运营,应建立一套完善的日常维护制度系统,形成运行流畅的维护管理体制,在日常维护中应注意:

①定期清理设备内部积垢,保持设备通风散热气流通畅,防止积垢造成设备短路。

②定期检查设备的相关接口,防止线缆接口松脱,影响 PIS 的正常运行。根据现场环境,可1～3个月检查一次。

③定期检查设备的紧固情况,预防设备运行故障。检查设备的运行状态,对于带伤带病运行的设备应及时换下送修,防止出现更大的问题。

④定期更新系统设备的防计算机病毒软件,防止病毒入侵造成系统瘫痪。定期更新操作系统软件,杜绝安全漏洞。定期扫描所有计算机,预防病毒感染。发现计算机染有病毒后立即断开其网络连接,杀灭病毒后方可恢复网络连接,防止通过网络感染其他计算机。根据需要,可1～3个月更新一次,并且根据防毒告警随时更新。

⑤及时处理系统告警,及时排除系统故障。

⑥系统日常维护应用中,对所有设备不得自行更改 IP 地址。

⑦系统供电是110 V 直流,所以在进行机柜模块更换时,禁止带电操作。

⑧操作时注意插拔的力度,避免用力过大过快,导致人员可能的划伤或者模块损害。

⑨模块更换时一定要按照原来的位置顺序插拔更换,拆卸时记录位置,避免错位。

⑩作业后注意接口连接器,螺丝一定要锁紧,避免列车震动导致接触不良。

⑪清洁时注意用专用防静电刷或离子风枪,不要用湿毛巾或者其他化学物质进行清洁。

⑫注意检查接地螺柱是否有生锈情况,如有发现应及时清除/更换,保持接地良好。

列车广播及乘客信息系统主要设备的检查要点如下:

1)广播控制盒

这是为了控制 PA(车上)音频功能的接口。前部面板需每月清洗或者连续按压按钮导致的按钮变脏时也需要清洗。使用一块带有少量弱性清洁剂的软布,切忌使用强性清洁剂,例如稀释剂、苯或者磨蚀剂,它们会损坏面板。

2)手持话筒

反复使用麦克风,会使它变脏。使用一块带有少量弱性清洁剂的软布清洗手柄和网孔。清洗话筒的卫生抹布可用来清洗网孔。不要使用强性清洁剂,例如稀释剂、苯或者磨蚀剂,它们会损坏麦克风。需每月按时进行清洗。

3)LED 屏

该显示器有一个聚丙烯外壳。如因用户处理或灰尘及其他污物变脏,应用一块沾有弱性清洁剂的软布轻轻擦拭。不可使用强性清洁剂,例如稀释剂、苯或者磨蚀剂,它们会损坏屏幕。

4)紧急报警器

当需要时使用一块沾有弱性清洁溶剂的软布进行清洁。

5)扬声器

至少每 5 年清洗一次,使用一个刷子和真空吸尘器仔细地清洗。

6)LED 屏和音频测试

每次开机时在所有的显示器上将显示出一个测试图,也将产生一个持续的广播。仔细地检查显示器以确保所有 LED 都亮起。在所有车辆上都要检查广播,广播信息应可在车辆的所有位置都能清晰地听到。

【任务实施】

1. 在车辆检修现场处理由于广播控制盒故障引起的广播故障。

2. 在车辆检修现场按照检查要点对广播系统进行检查。

【效果评价】

评价表

项目名称	列车广播及乘客信息系统常见故障处理		学生姓名	
任务名称	任务3　列车广播及乘客信息系统常见故障的处理 方法及预防措施		分　数	
项　目			分　值	考核得分
1. 城轨列车广播及乘客信息系统故障的处理方法的知识、图片的搜集、整理			10	

续表

项　目	分　值	考核得分
2.是否有小组计划	5	
3.列车广播及乘客信息常见故障的处理方法的认知情况	25	
4.列车广播及乘客信息系统故障处理时的注意事项的掌握情况	25	
5.列车广播及乘客信息系统主要设备的检查要点掌握情况	20	
6.编制学习汇报报告情况	10	
7.基本素养考核情况	5	

教师简要评语：

教师签名：

项目小结

通过本章学习,掌握轨道交通列车广播及乘客信息系统组成;掌握列车广播及乘客信息系统的常见故障和故障原因;掌握列车广播及乘客信息系统的常见故障处理方法及预防措施等。

思考与练习

1.举例说明轨道交通车辆列车广播及乘客信息系统常见的故障现象。

2.说明列车广播及乘客信息系统日常的预防措施。

项目 12　城轨车辆其他常见故障处理

【项目描述】本项目主要介绍了轨道交通车辆车钩、贯通道等常见故障现象和处理方法。

【学习目标】学习掌握轨道交通车辆车钩、贯通道等常见故障现象和处理方法。

【技能目标】能够处理轨道交通车辆车钩、贯通道的一般常见故障,并对故障原因分析、说明。

任务　城轨车辆其他常见故障处理方法

【活动场景】使用多媒体展示城轨车辆车钩、贯通道等常见故障现象和处理方法。

【任务要求】掌握城轨车辆车钩、贯通道等常见故障现象和处理方法。

【知识准备】

(1)贯通道

图 12.1　城轨车辆贯通道

贯通道(见图 12.1)位于两节车厢的连接处,是连接两车通道的重要组成部分,它主要由棚布组成总成、连接框总成、顶板总成、侧护板总成、度板及踏板总成 5 大部分组成。在运营中贯通道会出现棚布组成脱开(见图 12.2)、棚布的破损、撕坏等现象,其棚布的修复方法如下:

①清洁受损棚布将要粘上补丁一侧。

②用砂纸打磨清洁过的折棚(颗粒尺寸 100)。

③根据受损面积大小裁剪棚布补丁。尽可能使边缘光滑服帖。

④将补丁一侧用砂纸均匀打磨(颗粒尺寸 100)。

⑤用维修工具提供的清洁工具将被打磨的一面清理干净。

⑥用刷子给补丁和折棚打磨并为清理过的地方上一层薄薄的黏合剂。

⑦让黏合剂晾干 5 ~ 10 min。

⑧将补丁贴到破损处并用附带的泡沫橡胶锟将补丁紧紧压在折棚上。同时在里侧用一块

131

硬物做支撑(如木板),防止气泡产生。

⑨黏合住的地方硬化之后便可适当拉伸了。

注意:24 h 之后可以达到最大的使用价值(适用于剧烈运动),大约 4 h 后就能达到一般使用价值(适用于普通运动)。

⑩在顶部、底部及拐角处的补丁需要特别再用修复工具中的中空铆钉固定。如补丁大小超过 3 cm×5 cm,则需在所有补丁上用中空铆钉固定。必须在胶水硬化之前用铆钉钉住。

⑪让黏合剂晾干约 1 h。

⑫根据补丁尺寸(3 cm×5 cm 用 3 个空心铆钉)在棚布和补丁的适当位置钻孔或冲孔,用 4.2 mm 的冲钻机、空心穿孔机或别的、适合的工具。

⑬钉入空心铆钉(NK10 和 NN7)。在空心铆钉一侧用硬物支撑,用 PVC 锤子钉上,如图 12.3 所示。

图 12.2 棚布组成脱开

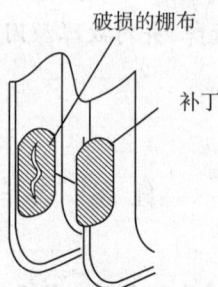

图 12.3 贯通道棚布的修补

(2)车钩缓冲装置

车钩缓冲装置(见图 12.4)是车辆最基本的也是最重要的部件之一,它是用来连接列车中各车辆使之彼此保持一定的距离,并且传递和缓和列车在运行中或在调车时所产生的纵向力或冲击力。

车钩装置按类型一般分为:

①全自动车钩缓冲装置。

②半自动车钩缓冲装置。

③半永久牵引杆缓冲装置。

图 12.4 半自动车钩缓冲装置

车钩常见故障及处理方法见表12.1。

表 12.1　车钩常见故障及处理方法

故障现象	故障原因	解决方法
车钩在联挂时不能正确对接	车钩没有正确对中	对车钩进行必要调整使其能够子联挂
	车钩位于主动对中范围之外	在联挂职前将车钩推入主动对中范围
机械车钩车能联挂	联挂机构内有异物	取出异物
	机械车钩内部损坏	需要进行必要的修理
机械车钩不能解钩	车钩受到牵引力(拉力)	操纵列车需要轻轻挤压车钩

车钩缓冲装置在日常使用当中,主要观察车钩上紧固件是否有松动或破坏、压溃管是否触发、头车车钩连挂部分是否运动灵活、风管连接器是否有泄漏现象、头车的过载保护装置是否破坏或松动等。

半自动车钩前部的机械车钩会发生磨损,应当定期使用主校准量规检测机械车钩上的任何磨损,有磨损超限按要求修复。在运行中车钩压溃管会发生变形,日常维护时要注意压溃管变形装置的芯管观察孔内定位键位置是否正常,如图12.5所示。

定位键

图 12.5　压溃管的检查

(3)车辆前照灯故障

车辆前照灯(见图12.6)故障发生的主要原因有3种情况:一是灯泡外壳脱焊造成接触不良;二是灯泡外壳与灯座松动造成接触不良;三是灯泡接线端子与线耳松动。随着运营时间的不断增加,灯泡外壳与灯座松动造成接触不良、灯泡接线端子与线耳松动的问题经常发生,造成正线运营时列车前照灯不亮,影响列车运行安全。要解决上述问题,一方面需要进行改造作业,改造结构从根本解决问题;另一方面加强日常检查工作,列入三月检、年检修程。

车辆前照灯

图 12.6　车辆前照灯

图 12.7　司控器

(4)司控器的故障

司机控制器(见图12.7)是司机操作列车的重要部件。基本结构包括方向手柄、牵引/制动手柄、传动齿轮、行程开关以及编码器等部件。其功能是通过产生各项指令来操控列车,方向指令、牵引指令、制动指令等,牵引/制动大小值等都是通过司机控制器发出并传递给各系统。司机控制器的故障对运营的影响很大,容易造成下线、清客、列车晚点。司控器的故障主要表现在手柄胶套容易松脱、警惕按钮行程开关接触不到位、传动钢丝绳断裂、钥匙开关故障等。司机控制器结构繁杂、不便于检修,一些故障是由于设计时考虑不周,如手柄胶套容易松脱的问题,一些故障是由于组装时调整间隙、配合不到位引起的。因此,对于司控器的故障要引起运营单位足够的重视,平时要加强检查,同类故障较多时要联系厂家进行相关结构整改。

【任务实施】

　　1.在车辆检修现场认识车钩、贯通道、司控器的外观及组成。

　　2.在车辆检修现场处理贯通道棚布破损修复的故障。

【效果评价】

评价表

项目名称	城轨车辆其他常见故障处理		学生姓名	
任务名称	城轨车辆其他常见故障处理方法		分　数	
项　目			分　值	考核得分
1.城轨车辆车钩、贯通道、司控器的知识、图片的搜集、整理			10	
2.是否有小组计划			5	
3.城轨车辆贯通道常见故障的认知情况			25	
4.城轨车辆车钩常见故障的认知情况			25	
5.城轨车辆司控器常见故障的认知情况			20	
6.编制学习汇报报告情况			10	
7.基本素养考核情况			5	
教师简要评语: 　　　　　　　　　　　　　　　　　　　　　　　教师签名:				

项目小结

通过本章学习,熟悉城轨车辆车钩、贯通道、司控器的结构;掌握城轨车辆车钩、贯通道、司控器常见故障的类型,对故障发生的原因进行分析、说明。

思考与练习

1. 举例说明轨道交通车辆车钩常见的故障现象。
2. 举例说明轨道交通车辆贯通道常见的故障现象。
3. 举例说明轨道交通车辆司控器常见的故障现象。

参考文献

［1］褚延辉,康鹏.城市轨道交通车辆结构与维修[M].北京:机械工业出版社,2012.

［2］人力资源和社会保障部教材办公室,广州市地下铁道总公司.车辆检修工[M].北京:中国劳动社会保障出版社,2009.